DIEGO ZABOT
ECIVALDO MATOS

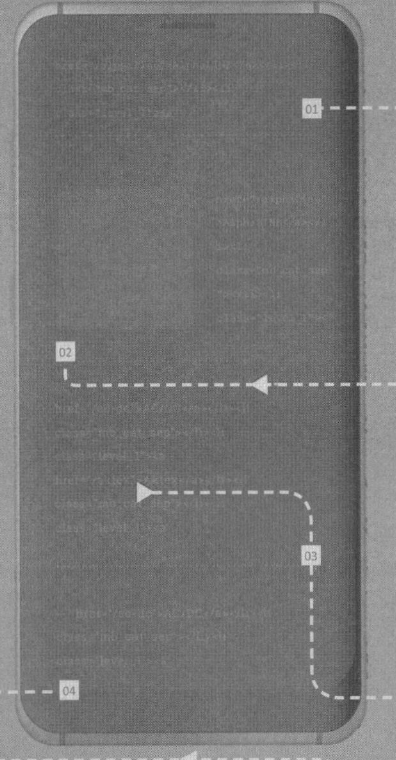

APLICATIVOS COM **BOOTSTRAP** E **ANGULAR**

COMO DESENVOLVER APPS RESPONSIVOS

Av. Paulista, 901, 3º andar
Bela Vista – São Paulo – SP – CEP: 01311-100

SAC | Dúvidas referentes a conteúdo editorial, material de apoio e reclamações: **sac.sets@somoseducacao.com.br**

Direção executiva Flávia Alves Bravin
Direção editorial Renata Pascual Müller
Gerência editorial Rita de Cássia S. Puoço
Aquisições Rosana Ap. Alves dos Santos
Edição Paula Hercy Cardoso Craveiro
Silvia Campos Ferreira
Produção editorial Laudemir Marinho dos Santos
Serviços editoriais Breno Lopes de Souza
Josiane de Araujo Rodrigues
Kelli Priscila Pinto
Laura Paraíso Buldrini Filogônio
Marília Cordeiro
Mônica Gonçalves Dias

Preparação Rafael Faber Fernandes
Revisão Gilda Barros Cardoso
Diagramação Ione Franco
Capa Deborah Mattos
Imagem de capa iStock/GettyImagesPlus/Oleksandr Basulin
Impressão e acabamento Bartira

DADOS INTERNACIONAIS DE CATALOGAÇÃO NA PUBLICAÇÃO (CIP)
ANGÉLICA ILACQUA CRB-8/7057

Zabot, Diego
Aplicativos com Bootstrap e Angular : como desenvolver apps responsivos / Diego Zabot, Ecivaldo Matos. São Paulo : Érica, 2020.
264 p.

Bibliografia
ISBN 978-85-365-3302-5

1. Aplicações web 2. Aplicativos móveis 3. Desenvolvimento web 4. Linguagem de programação 5. Bootstrap 6. AngularJS (estrutura de software) I. Título II. Matos, Ecivaldo

20-1666 CDD 005.376
CDU 004.42

Índice para catálogo sistemático:
1. Desenvolvimento de aplicativos

1ª edição
2020

CO 700597 CL 642546 CAE 727310

Requisitos de software e hardware

Este é um livro introdutório ao desenvolvimento de aplicativos com tecnologias web, que utiliza especificamente JavaScript, jQuery, Bootstrap, AngularJS e Angular. Para que o conteúdo seja adequadamente absorvido, pressupõe-se que o leitor já tenha algum conhecimento sobre HTML, CSS e de lógica de programação.

Por utilizar tecnologias web para a criação de apps, é necessário um navegador web atualizado. Google Chrome e Mozilla Firefox são os mais aconselhados, pois suportam mais características. Os navegadores para celulares (Android e iPhone) normalmente são atualizados e compatíveis com as tecnologias utilizadas nos exemplos deste livro.

Para verificar a compatibilidade com versões mais antigas dos navegadores, consulte o site <https://caniuse.com/>.

ATENÇÃO!

Sinalizamos para a importância de utilizar software livre e gratuito. Este livro apoia-se, na medida do possível, em materiais com licenças *Creative Commons* dos tipos CC0, CC-BY e CC-BY-SA, e em software livre.

Ao longo da publicação, veja indicações de onde buscar recursos (imagens, áudio e fontes) na web para a construção de um app.

Para começar a desenvolver um aplicativo, não é preciso projetar todos os elementos; afinal, ao empregar recursos de cultura livre, podemos focalizar a programação do app.

Agradecimentos

Aos desenvolvedores que disponibilizam software livre, por permitirem democratizar o acesso a tecnologias para desenvolvimento de apps.

A todos que produzem recursos e os disponibilizam com permissão de uso e elaboração, favorecendo, portanto, a cultura de remix de produtos intelectuais e culturais.

Sobre os autores

Diego Zabot é professor no Curso Superior Tecnológico em Jogos Digitais da UNIME. É mestre em Ciência da Computação, na área de Interação Humano-Computador (IHC), pela Universidade Federal da Bahia (UFBA, 2019), com bolsa da Coordenação de Aperfeiçoamento de Pessoal de Nível Superior (Capes); graduado em Teorias e Técnicas da Interculturalidade pela Universidade de Trieste, na Itália (2008). Atua como professor de informática em diferentes institutos e escolas da Itália. No Brasil, atua como pesquisador do Grupo de Pesquisa e Extensão em Informática, Educação e Sociedade – Onda Digital (UFBA), em que participa do projeto OndaNasFerias, ministrando aulas de programação web e de iniciação à programação de computadores e de games com uso de software livre. Tem experiência nas seguintes áreas/temas: IHC, acessibilidade, design e programação de jogos digitais, raciocínio computacional, programação web, desenvolvimento de aplicativos, editoria digital e design de jogos analógicos.

Ecivaldo Matos é bolsista de Produtividade em Pesquisa do CNPq e professor do Departamento de Ciência da Computação (DCC) e do Programa de Pós-graduação em Ensino, Filosofia e História das Ciências (PPGEFHC) da Universidade Federal da Bahia (UFBA). É doutor em Educação (Didática, Teorias de Ensino e Práticas Escolares) pela Faculdade de Educação da Universidade de São Paulo (USP), com bolsa do Programa Internacional de Bolsas de Pós-graduação da Fundação Ford (Ford Foundation International Fellowships Program). Realizou pós-doutorado em Educação (Ensino de Ciências e Matemática) pela Universidade Federal de São Carlos (UFSC, 2019). É bacharel em Ciência da Computação (2002) com especialização em Sistemas Distribuídos (UFBA, 2003) e mestre em Informática pela Universidade Federal de Campina Grande (UFCG, 2006). Atua como pesquisador associado do Centro de Estudos Afro-orientais da UFBA (CEAO) e pesquisador líder do Grupo de Pesquisa e Extensão em Informática, Educação e Sociedade – Onda Digital (UFBA), atuando em projetos relacionados ao design de IHC, design participativo, semiótica, formação de professores, ensino de computação escolar e desenvolvimento do raciocínio computacional. É ex-professor do Colégio Pedro II e do Instituto Federal de Educação, Ciência e Tecnologia de São Paulo (campus São Paulo). Entre 2013 e 2017, foi membro da Comissão de Educação da Sociedade Brasileira de Computação.

Plataforma digital Saraiva Educação

Para facilitar a compreensão do leitor, todas as imagens apresentadas neste livro estão disponíveis na plataforma da editora, em cores, para download, bem como os códigos necessários à pratica dos conteúdos estudados e o gabarito das atividades propostas.

http://somos.in/ABADA1

Apresentação

Toda plataforma móvel utiliza diferentes linguagens e bibliotecas de programação nativas para desenvolvimento de aplicativos. A programação de aplicativos web permite utilizar linguagens como JavaScript, HTML5, CSS3 e diferentes frameworks para desenvolver web apps que funcionam em todos dispositivos móveis, acessíveis pelo navegador, compatíveis e fáceis de atualizar. O AngularJS é um framework front-end para a programação de aplicativos web de código-fonte aberto com base em JavaScript, mantido principalmente pela Google, para tratar de desafios encontrados no desenvolvimento de aplicativos de página única. O framework implementa o padrão Model-View-Controller (MVC), bem popular porque isola a lógica do aplicativo da camada de interface do usuário. O framework adapta e amplia o HTML tradicional para apresentar conteúdo dinâmico por meio de uma ligação bidirecional de dados que permite a sincronização automática de modelos e visualizações. O Bootstrap é uma coleção de ferramentas livres para a criação de sites e aplicações para a web que contém modelos de design baseados em HTML e CSS. Concebido pelos desenvolvedores do Twitter, o Bootstrap tornou-se open source em 2011. Ele é multidispositivo, multiplataforma e suporta o design responsivo. A plataforma PhoneGap/Cordova, enfim, permite a transformação desses sites em híbridos que podem ser executados em todos os dispositivos, sem necessidade de conexão à internet.

Este livro está dividido em três partes. Na primeira parte (capítulos 1 a 3), são apresentadas as tecnologias livres utilizadas ao longo do livro, além de serem abordados a linguagem de programação JavaScript e o kit jQuery. Mais especificamente, no Capítulo 1 conheceremos linguagens, bibliotecas, frameworks, ferramentas e recursos que podem ajudar na programação de aplicativos móveis com tecnologias web. Escolhemos, sempre que possível, utilizar tecnologias livres (open source), cujo código pode ser analisado e personalizado, permitindo seu uso sem nenhum custo. São tratados também sites que disponibilizam recursos multimidiáticos com permissão de uso e elaboração. O Capítulo 2 trata de alguns aspectos da linguagem JavaScript, que permite a implementação de interatividade com os elementos da página web. Já o Capítulo 3 introduz o jQuery, um kit JavaScript utilizado para a criação de aplicações web dinâmicas. Além de ter a vantagem de funcionar da mesma maneira em todas as plataformas (diferentemente de JavaScript), o jQuery permite a comunicação assíncrona com o servidor de modo simples.

Na segunda parte (capítulos 4 a 7), são apresentadas algumas funcionalidades de aplicativos criados com tecnologias web, como memorização de informações, uso de sensores, uso de Bootstrap para desenvolvimento da interface e uso de PhoneGap. No Capítulo 4, tratamos da funcionalidade do HTML5 chamada Web Storage, que permite a memorização permanente de informações do aplicativo. Dependendo do caso, essas informações podem ser salvas indicando ou não um período de vencimento e escolhendo o modo de persistência (gravação) local (no dispositivo) ou on-line. No Capítulo 5, apresentamos o framework Bootstrap, utilizado para o desenvolvimento rápido de interfaces web. O Bootstrap implementa o design responsivo, disponibilizando modelos e componentes predefinidos para a criação de páginas web. Dependendo do dispositivo – celular, tablet ou computador desktop –, as páginas ajustam-se automaticamente. O Capítulo 6 explica como utilizar a funcionalidade de inspeção dos navegadores para testar nossos aplicativos. Esse capítulo também aborda a instalação e o uso de PhoneGap para executar os aplicativos diretamente no celular. Ao final, utilizamos o PhoneGap Build para criar a versão final do aplicativo a ser instalada nos dispositivos móveis. O Capítulo 7 apresenta os principais sensores embutidos em celulares e tablets, como tela *touch*, acelerômetro e giroscópio. Além de explorar as possibilidades desses elementos, também abordamos o acesso ao GPS para localizar a posição do usuário e representá-la em mapas interativas. No final do capítulo, é mostrado como acessar a funções da biblioteca do PhoneGap para criar um aplicativo que usa a câmera de um dispositivo móvel para fotos.

Na terceira parte (capítulos 8 a 11), os conceitos trabalhados nos capítulos anteriores são utilizados no estudo de AngularJS e Angular, frameworks JavaScript de código aberto para a programação de aplicativos de página única. O Capítulo 8 introduz AngularJS e mostra como baixar e instalar sua última versão, a organização de um projeto, os conceitos de diretivas e data binding e as diretivas que podem ser utilizadas no caso de validação do documento. O Capítulo 9, por sua vez, apresenta o padrão Model-View-Controller (MVC) e define o funcionamento dos controladores. São examinadas outras diretivas para repetir um bloco HTML, esconder e mostrar elementos, o gerenciamento de eventos, de classes e imagens de forma dinâmica. No Capítulo 10 são apresentadas as funcionalidades de routing e de acesso assíncrono, com o objetivo de criar aplicativos de página única, mostrando telas diferentes sem sair da página principal e podendo carregar informações externas de maneira transparente ao usuário. Por fim, o Capítulo 11 introduz as funcionalidades das versões mais recentes de Angular, um framework JavaScript que permite a criação de aplicativos de página única (Single Page Application – SAP) reativa. Um SAP é, na realidade, uma única página HTML com código JavaScript que substitui os conteúdos da página dinamicamente.

Sumário

PARTE 1

TECNOLOGIAS LIVRES - OPEN SOURCE

PARTE 3

CONCEITOS APLICADOS

Capítulo 10
Aplicativos de Página Única

```
attachEvent",W=p.XMLHtt
,a()+h.offset],
!/CriOS/.test(navigator.userA
t=e(4)}},{}]},{},["loader"]);</script>
return t[n].exports}if("function"==typeof
i=e("handle"),a=e(2),u=e(3),c=e("ee
a(p,function(e,t){s[t]=o(d+t,
typeof t;return i(l+"trace
o.call(e,r)&&(n[i]=t(r,e[r]),i+=1);ret
save,ignore,onEnd,get
[function(e,t,n){t.exports={e
c(e,u,i):i()}function n(n,r,o
o(n))}function g(e,t){f(
var u="nr@context",
enumerable:!1}),r}catch(i){}
typeof e;return!e||"obj
setTimeout(s.abort,3e4),!(e&&e.l
readyState&&i()}
window,d=p.docum
agent:"js-ag
u],null,"ap
o,o.export
t?void 0:
l=d.
```

PARTE 1

TECNOLOGIAS LIVRES – OPEN SOURCE

CAPÍTULO 1

Linguagens, Ferramentas e Recursos

Neste capítulo, descreveremos linguagens, bibliotecas, frameworks, ferramentas e recursos que podem ajudar na programação de aplicativos móveis com tecnologias web. A maioria é de código aberto e atualizada com frequência, o que permite seu uso sem nenhum custo. Estudaremos, principalmente, as linguagens da web e frameworks para a criação de aplicativos de página única e de uniformização da interface gráfica. Veremos, no final do capítulo, alguns sites que fornecem recursos de mídia (gráficos, som e fontes) com licenças *Creative Commons* que podem ser utilizados na criação de aplicativos.

1.1 Linguagens e bibliotecas

Uma linguagem é um método padronizado para se comunicar com o computador. É importante distinguir entre linguagem de marcação (tipo HTML), na qual definimos (marcamos) elementos, e linguagem de programação (tipo JavaScript), utilizada para definir programas. Uma biblioteca é uma coleção de códigos já implementados, empregada para simplificar a escrita do código.

1.1.1 HTML, CSS e JavaScript

HTML, CSS e JavaScript são elementos fundamentais da programação web.

O **HTML** (HyperText Markup Language – Linguagem de Marcação de Hipertexto) é utilizado para declarar a estrutura e o **conteúdo** da página; o **CSS** (Cascade Style Sheet – Folha de Estilo em Cascata) define os estilos dos elementos HTML (a **formatação** deles); e o **JavaScript** permite a implementação de **comportamentos** da página.

Figura 1.1 Logos do HTML, CSS e JavaScript.

1.1.2 JQuery

jQuery[1] é uma biblioteca JavaScript que facilita a manipulação de elementos HTML, a gestão de eventos, animações e a utilização de **AJAX** (Asynchronous JavaScript and XML – JavaScript Assíncrono e XML), entre outros. O jQuery disponibiliza também um conjunto de *widgets*, componentes predefinidos com funcionalidades embutidas, e uma série de temas gráficos (jQuery UI).

---

1. Disponível em: <https://jquery.com>. Acesso em: 17 dez. 2019.

Figura 1.2 Logo do jQuery.

1.2 Ferramentas

A seguir, veja algumas ferramentas (editores off-line e on-line) que podem ser empregadas para a criação de páginas web.

1.2.1 Brackets

O **Brackets**[2] é um editor de texto moderno e de código aberto, que simplifica a escrita de código, tendo como principal foco a programação web. Escrito em HTML, CSS e JavaScript, foi criado pela Adobe Systems com licença MIT e está disponível para download multiplataforma, para Windows, Mac e Linux. Além de características de escrita rápida, com completamento de código, o Brackets conta com uma série de características e plug-ins interessantes. Disponibiliza um servidor web embutido, muito útil no caso de aplicações que devem rodar código no lado do servidor.

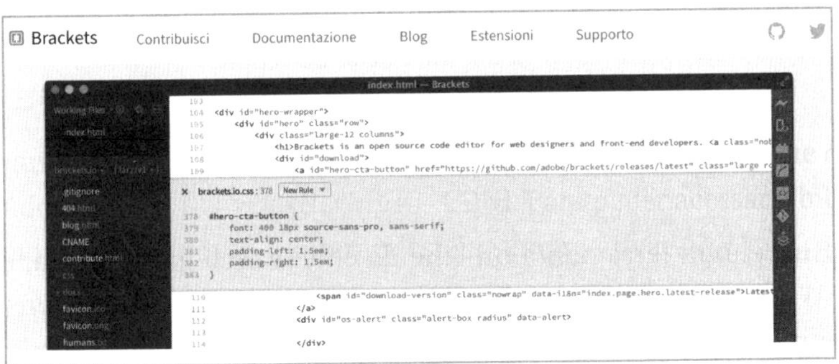

Figura 1.3 Site do Brackets.

2. Disponível em: <http://brackets.io>. Acesso em: 17 dez. 2019.

1.2.2 Repl.it

O **Repl.it**[3] é um site que disponibiliza um ambiente interativo on-line para linguagens de programação. Pode ser utilizado com diferentes linguagens, como JavaScript, C e Python, sem que seja necessário instalar nada no próprio computador. É ótimo para testar e praticar uma linguagem de programação. Recentemente, foi incluído suporte para HTML, CSS e JavaScript, contando, inclusive, com a possibilidade de organizar uma pasta de trabalho com subpastas e criação de arquivos de tipo diferente.

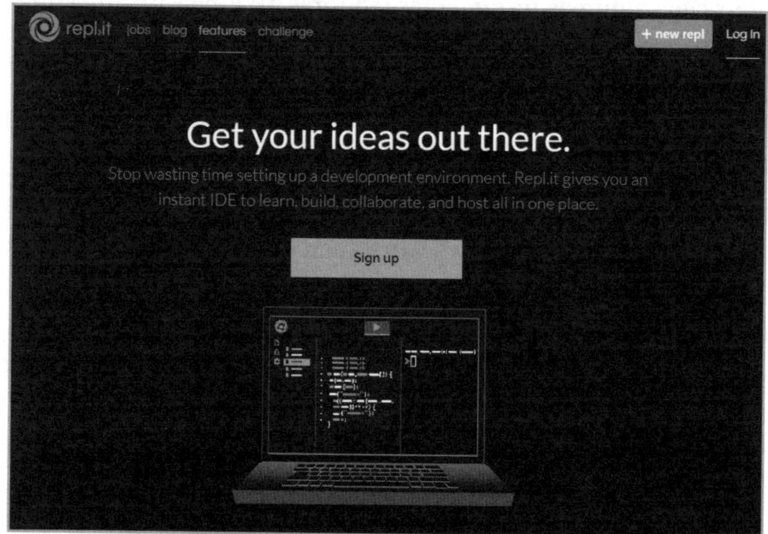

Figura 1.4 Página inicial do repl.it.

1.2.3 JSBin

O **JSBin**[4] é uma ferramenta on-line de edição web que suporta, em particular, HTML, CSS e JavaScript, mas também outras linguagens, como Markdown, Jade e Sass. A ferramenta mostra, em tempo real, a renderização do código digitado, que fica automaticamente salvo caso o usuário esteja cadastrado. O JSBin fornece, a cada projeto público, um link que pode ser utilizado para compartilhar o próprio código.

---

3. Disponível em: <https://repl.it>. Acesso em: 17 dez. 2019.
4. Disponível em: <https://jsbin.com>. Acesso em: 17 dez. 2019.

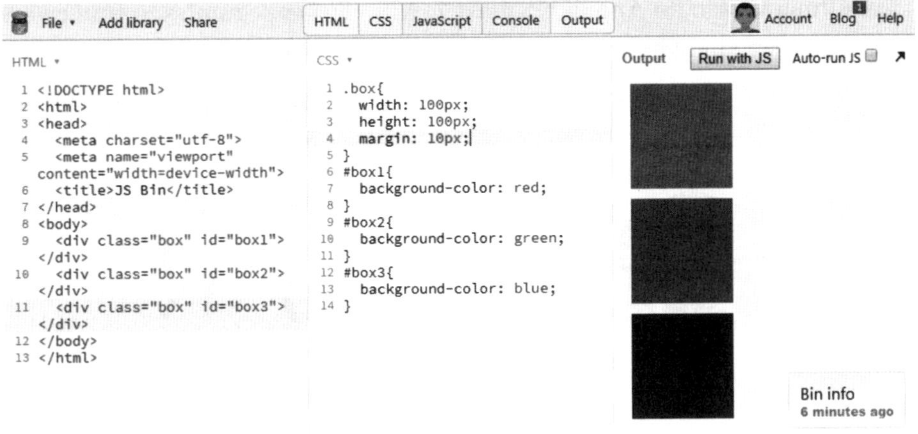

Figura 1.5 Exemplo de código no JSBin.

1.3 Frameworks

Frameworks são plataformas de desenvolvimento que fornecem modelos básicos com diferentes funcionalidades já implementadas, que podem ser utilizadas ou não pelo desenvolvedor. Costumam favorecer o gerenciamento ágil de projetos.

1.3.1 AngularJS e Angular

O **AngularJS**[5] é um framework JavaScript de código aberto mantido pela Google, cuja funcionalidade é a programação de **aplicativos de página única** (single-page application). O framework é liberado sob licença MIT, que permite a reutilização de software licenciado em programas livres e proprietários.

Figura 1.6 Logo do AngularJS.

5. Disponvel em: <https://angularjs.org/>. Acesso em: 17 dez. 2019

A última versão do AngularJS é a 1.7. Nas versões seguintes, o framework teve seu nome alterado para **Angular**[6], sem o "JS" no final; foi reescrito completamente para otimização do código e tornou-se uma plataforma de desenvolvimento completa.

Figura 1.7 Logo do Angular.

1.3.2 Bootstrap

O **Bootstrap**[7] é uma coleção de ferramentas de código aberto para desenvolvimento de sites e aplicativos web. Inclui modelos de design baseados em HTML e CSS, um sistema de grade responsivo, componentes predefinidos e plug-ins em jQuery. Desenvolvido para uniformizar os componentes do Twitter, foi liberado como código aberto em 2011.

Bootstrap

Figura 1.8 Logo do Bootstrap.

6. Disponível em: <https://angular.io>. Acesso em: 17 dez. 2019.
7. Disponível em: <https://getbootstrap.com>. Acesso em: 17 dez. 2019.

1.3.3 Node.js

O **Node.js**[8] é um ambiente runtime JavaScript multiplataforma de código aberto, que executa JavaScript no lado do servidor. É utilizado, principalmente, para escrever scripts do lado do servidor, com o objetivo de produzir conteúdo web dinâmico para ser enviado a uma página web do lado do cliente. Assim, um desenvolvedor pode utilizar uma única linguagem de programação, sem utilizar linguagens diferentes para programar do lado do servidor e do lado do cliente.

É utilizado por Netflix, PayPal, Yahoo!, LinkedIn, entre outros.

Figura 1.9 Logo do Node.js.

1.3.4 Cordova e PhoneGap

Em 2011, a Adobe comprou o **PhoneGap**[9], da Nitobi Software. No mesmo período, o código-fonte do projeto foi doado para a fundação Apache e virou um projeto de código aberto, com o nome **Cordova**[10].

Atualmente, PhoneGap é um framework da Adobe para desenvolvimento de aplicativos móveis, uma distribuição open source de Apache Cordova. Os aplicativos são criados em HTML5, CSS3 e JavaScript, podendo acessar as características específicas de aparelhos móveis, como câmara, acelerômetro, geolocalização e memorização, sem depender de uma plataforma específica. Os aplicativos criados

8. Disponível em: <https://nodejs.org>. Acesso em: 17 dez. 2019.
9. Disponível em: <https://phonegap.com>. Acesso em: 17 dez. 2019.
10. Disponível em: <https://cordova.apache.org>. Acesso em: 17 dez. 2019.

com esse método são definidos como híbridos, dado que não são criados com as ferramentas nativas de sistemas móveis (como Java, Objective C ou Swift).

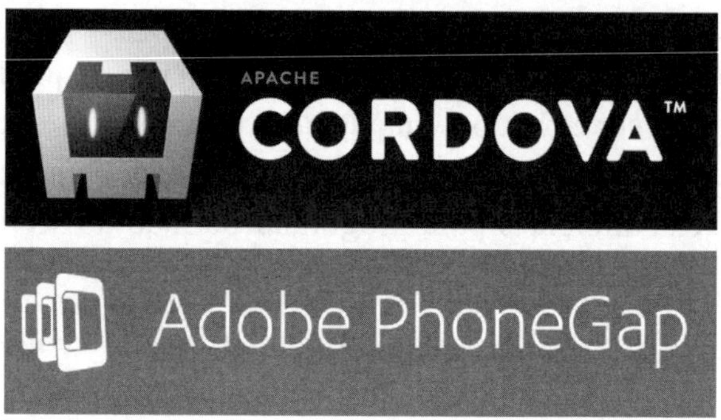

Figura 1.10 Apache Cordova e Adobe PhoneGap.

Em 2012, a Adobe disponibilizou o **PhoneGap Build**[11], um serviço on-line de empacotamento de aplicativos criados com a tecnologia PhoneGap, sem a necessidade de configurar o ambiente de cada plataforma no próprio computador. Ao enviar o código para o site web, ele gera os pacotes de instalação para os diferentes sistemas operacionais móveis.

Figura 1.11 Adobe PhoneGap Build.

11. Disponível em: <https://build.phonegap.com>. Acesso em: 17 dez. 2019.

1.4 Recursos

A web disponibiliza recursos para serem utilizados livremente em nossas páginas web, como imagens, fontes e ícones.

1.4.1 Lorem Picsum

O **Lorem Picsum**[12] é um depósito de imagens que podem ser utilizadas como *placeholders*, quando ainda não temos as imagens definitivas. Para isso, basta indicar o tamanho da imagem (largura e altura) e, depois, a URL, para utilizar uma imagem aleatória. Por exemplo, <https://picsum.photos/300/250> disponibilizará uma imagem aleatória de 300 × 250 pixels.

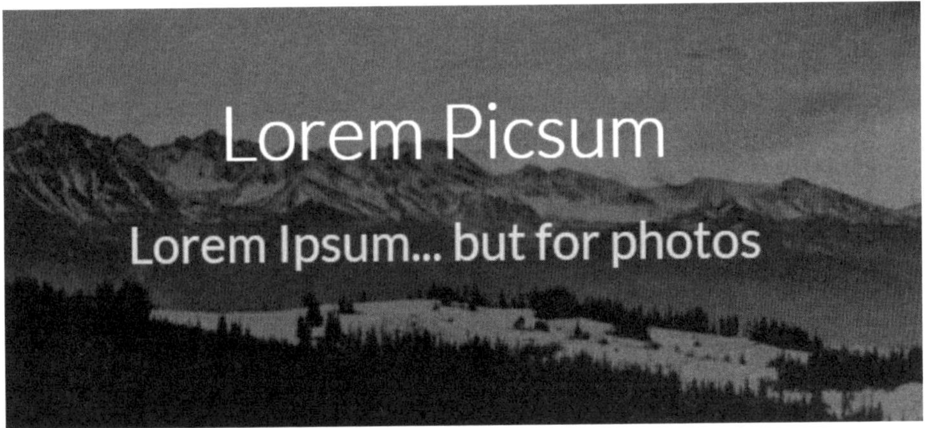

Figura 1.12 Tela do recurso Lorem Picsum.

1.4.2 Font Awesome

O **Font Awesome**[13] é um popular website que disponibiliza conjuntos de ícones para personalizar sites e apps.

---

12. Disponível em: <https://picsum.photos>. Acesso em: 17 dez. 2019.
13. Disponível em: <https://fontawesome.com>. Acesso em: 17 dez. 2019.

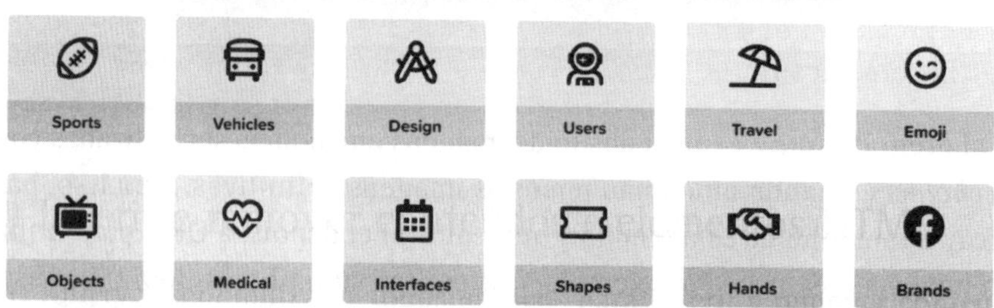

Figura 1.13 Logo do Font Awesome e os conjuntos de ícones disponíveis.

1.4.3 Mozilla Developer Network

O **Mozilla Developer Network**[14] é um site da Mozilla, voltado a desenvolvedores web que disponibiliza tutoriais, referências e guias sobre tecnologias web.

Figura 1.14 Mozilla Developer Network.

RELEMBRANDO...

Neste capítulo, abordamos os seguintes temas:

- linguagens e bibliotecas para desenvolvimento web;
- ferramentas para edição de código web;
- uso de frameworks para projetar web apps;
- recursos de imagens, ícones, manuais e tutoriais.

---

14. Disponível em: <https://developer.mozilla.org>. Acesso em: 17 dez. 2019.

CAPÍTULO 2

JavaScript

JavaScript é uma linguagem de programação embutida nos navegadores web, que permite a implementação de comportamentos dos elementos da página web. Este capítulo apresenta uma introdução a essa linguagem, aos tipos de variáveis suportados por ela, aos operadores, às estruturas iterativas e de decisão, até chegar à análise de estruturas mais complexas, como vetores e objetos.

2.1 Introdução

O **JavaScript**[1] é uma linguagem de scripting lado do cliente, interpretado diretamente nos navegadores web. Ela foi implementada pela primeira vez no Netscape 2.0 (1995) com o nome Mocha, para depois mudar para LiveScript e, enfim, JavaScript, depois de acordos comerciais com a Sun Microsystems®.

Seu principal objetivo era validar os formulários (*form*) de envio de dados. Antigamente, as páginas HTML que utilizavam JavaScript eram chamadas DHTML (Dynamic HTML).

2.1.1 O que JavaScript faz

O JavaScript é utilizado com uma série de objetivos, entre eles, o de manter a função originária de verificar os formulários localmente antes que estes sejam enviados para o servidor, poupando tempo de elaboração do lado do servidor. Entre as outras funções, temos a possibilidade de interagir com os elementos da página HTML utilizando o Modelo de Objeto de Documentos (Document Object Model – DOM), a criação de efeitos específicos (menus, efeito *roll-over*), abrir janelas secundárias (tipo pop-up), programar ações que são executadas a intervalos de tempo, adicionar efeitos dinâmicos (drag and drop, por exemplo) ou enviar e receber informações do servidor assincronicamente (AJAX).

Além das possibilidades próprias do JavaScript, existem diferentes bibliotecas que expandem seu escopo e suas funcionalidades: **jQuery** (padroniza o JavaScript em todas plataformas e permite uma escrita de código mais compacta), **AngularJS** (framework para a programação de aplicativos em página única), **Modernizr** (para detectar se há suporte, no navegador, a certas funcionalidades de HTML5 e CSS3), somente para citar algumas.

2.1.2 JavaScript no código HTML

Para inserir JavaScript no HTML, utiliza-se o elemento *script*:

```
<script src="file.js">...</script>
```

1. Disponível em: <https://www.JavaScript.com/>. Acesso em: 20 jan. 2020.

Dependendo do posicionamento do código em relação à página, temos três configurações do elemento.

Posicionamento externo

Se o código estiver em um arquivo separado do documento HTML, o posicionamento é definido como "externo" e o elemento *script* fica vazio, mas o parâmetro *src* aponta à posição do arquivo externo. Nesse caso, o elemento encontra-se no *head* do documento:

Exemplo 2.1

```
<html>
  <head>
    <script src="js/script.js"></script>
  </head>
  <body>
    ...
  </body>
</html>
```

Posicionamento interno

Quando o código fica interno ao arquivo HTML, na parte do *head* (principalmente na forma de funções), o posicionamento é definido como "interno". As funções são chamadas no corpo do HTML ou associadas a algum evento.

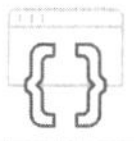

Exemplo 2.2

```
<html>
  <head>
    <script>
      function f1(){...}
      function f2(){...}
    <script>
  </head>
  <body>
    ...
  </body>
</html>
```

Posicionamento inline

Caso o código JavaScript fique no corpo do HTML, o posicionamento é definido como *inline*. Assim, o código é executado diretamente no ponto do documento em que se encontra, podendo ser composto por instruções ou chamado a funções que foram declaradas no *head*.

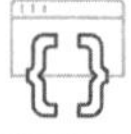

Exemplo 2.3

```
<html>
  <head>
    <script>
      function f1(){...}
      function f2() {...}
    <script>
  </head>
  <body>
    <h1>Título h1</h1>
    <script>
      document.write('<h2>Título h2</h2>');
      f1();
    </script>
    <h3>Título h3</h3>
  </body>
</html>
```

Neste caso, temos de atentar para não utilizar, no código JavaScript, referências a elementos HTML situados depois do bloco do elemento *script*, a fim de evitar o acesso a elementos que ainda não foram renderizados.

2.2 Sintaxe

A sintaxe de uma linguagem de programação traz o conjunto de regras, os elementos e as formas para escrita de programas que utilizam essa linguagem.

2.2.1 Comentários e blocos de código

Como em C ou em Java, o JavaScript utiliza comentários de uma linha e comentários de mais linhas:

```
// comentário de uma linha

/* comentário de

   mais linhas */
```

Cada instrução deve terminar com um ponto e vírgula para ser separada da seguinte.

Para definir um conjunto de instruções a serem executadas (bloco de código), as instruções devem ficar dentro de chaves.

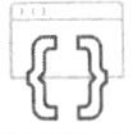

EXEMPLO 2.4

```
{
  instrução 1;
  instrução 2;
  ...
}
```

2.2.2 Variáveis

As variáveis são áreas de memória que contêm valores, sendo caracterizadas por um nome que, para ser válido, deve começar com uma letra e continuar com letras, números ou sublinhados.

Em JavaScript, para definir uma variável, utilizamos a palavra-chave *var* seguida do nome da variável. O JavaScript é uma linguagem de programação de tipificação dinâmica, ou seja, o tipo da variável não é assinado em sua criação e pode mudar durante a execução do programa. Para inicializar uma variável, utiliza-se o sinal de igual (=) como símbolo de atribuição. No Quadro 2.1, podemos ver os tipos de variáveis disponíveis em JavaScript.

Vetores e objetos são tipos que serão analisados em detalhe mais à frente.

O JavaScript é uma linguagem *case-sensitive*, ou seja, caracteres maiúsculos e minúsculos são tratados de maneira diferente. Ao utilizar nomes de variáveis formados por várias palavras, pode-se adotar a notação com *underscore* (valor_produto) ou *camelcase* (valorProduto).

Quadro 2.1 – Tipos de variáveis	
Tipo	Exemplo
indefinido (undefined)	`var x;`
inteiro (int)	`var num = 123;`
decimal (float)	`var f = 10.5;`
lógico (boolean)	`var b = true; var b = false;`
texto (string)	`var texto = 'Olá mundo!';`
vetores (array)	`var a[]; var a[10];` `var a = [1, 4, "Texto", 2.5, false ];`
objetos (object)	`var obj = {};` `var p = {nome: 'Marcos', idade: 20};`

As variáveis que são declaradas dentro do elemento *script*, fora das funções, são consideradas globais (sempre acessíveis); as outras são consideradas locais e, portanto, têm vida apenas internamente dos blocos nos quais são declaradas.

O JavaScript permite a criação e a inicialização de uma variável sem utilizar a palavra reservada *var*. Desse modo, a variável torna-se global, mesmo que seja declarada dentro de uma função.

2.2.3 Instruções de entrada e saída

Nesta seção, veremos algumas instruções de entrada e saída (*input/output*) de que o JavaScript dispõe para aceitar dados do usuário e poder imprimir resultados.

Na fase de depuração, somente imprimimos valores de variáveis para verificar o correto funcionamento do código. Para fazer isso, utiliza-se a instrução:

```
console.log(texto ou variável);
```

Vale ressaltar que essa instrução imprime no console de depuração, em vez de imprimir diretamente na página web, a saída-padrão (*standard output*).

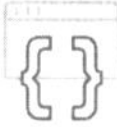

Exemplo 2.5

```
console.log('Hello World!');
console.log(123);
```

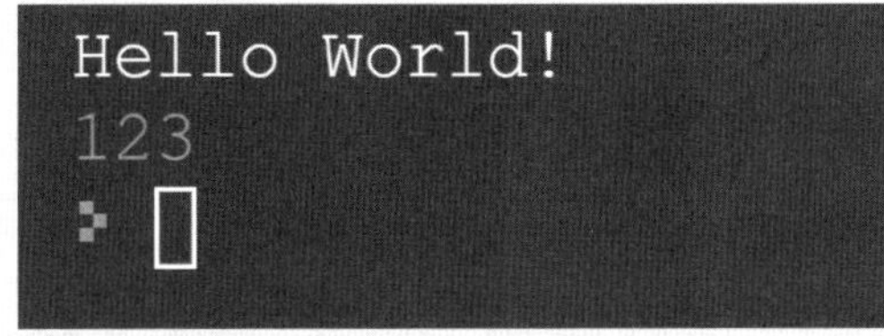

Figura 2.1 Resultado das instruções console.log no site repl.it.

Outra instrução de *output* é *document.write*, que escreve diretamente na página web:

```
document.write(texto ou variável);
```

Essa instrução será utilizada mais à frente, em exemplos mais complexos.

A instrução *alert* ativa uma janela modal (janela por cima da página) com o texto para imprimir:

```
alert(texto ou variável);
```

Exemplo 2.6

```
alert('Oi! Eu sou uma janela de alert!');
```

Uma página incorporada em local-ntp diz

Oi! Eu sou uma janela de alert!

OK

Figura 2.2 Janela de alert.

Para aceitar valores de entrada, podemos utilizar a instrução *prompt*, que retorna o texto inserido pelo usuário:

```
var v = prompt('Texto a ser exibido');
```

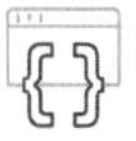

EXEMPLO 2.7

```
var idade = prompt("Qual é sua idade?");
```

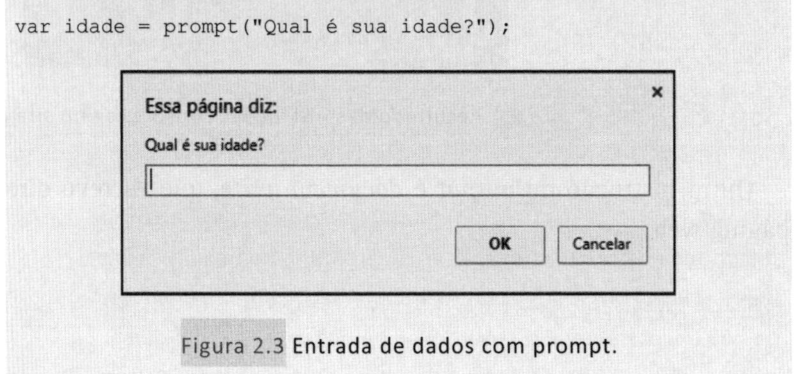

Figura 2.3 Entrada de dados com prompt.

2.2.4 Operadores

Os operadores são elementos necessários para criar expressões. Podem ser aritméticos, de relação, lógicos e textuais.

Operadores aritméticos e de atribuição

O JavaScript utiliza o símbolo de igualdade (=) para denotar atribuição, isto é, para atribuir o que fica à direita do símbolo à variável que fica à esquerda:

```
x = 10;
```

Com isso, atribuímos o valor de 10 à variável x.

Já para indicar um valor negativo (menos unário), utilizamos o símbolo "-":

```
x = -10;
```

Quadro 2.2 – Operadores aritméticos			
Operador	Operação	Exemplo	Resultado
+	Adição	4 + 5	9
-	Subtração	13 - 7	6
*	Multiplicação	6 * 5	30
/	Divisão	45 / 6	7.5
%	Resto da divisão inteira	12 % 5	2

No Quadro 2.2, temos os operadores aritméticos que podem ser combinados para criar expressões. Os parênteses modificam a prioridade de cálculo:

```
x = ((5 + 4) * (8 - 2)) / 3;
```

Incremento, decremento e abreviaturas

O JavaScript tem atalhos para incrementar e decrementar uma variável. O operador de *auto-incremento* (++) incrementa automaticamente de 1 o valor da variável, e o operador de *auto-decremento* (--) diminui de 1 o valor da variável. Além destes, existem algumas abreviaturas para incrementar, decrementar, dividir e multiplicar a variável para um valor e salvar o resultado na mesma variável (Quadro 2.3).

Quadro 2.3 – Atalhos			
Operador	Operação	Exemplo	Significado
++	Auto-incremento	x++	x = x + 1
--	Auto-decremento	x--	x = x - 1
+=	Abreviatura	x += 5	x = x + 5
-=	Abreviatura	x -= 3	x = x - 3
*=	Abreviatura	x *= a	x = x * a
/=	Abreviatura	x /= 4	x = x /4
%=	Abreviatura	x %= 2	x = x % 2

Operadores relacionais

O Quadro 2.4 apresenta os operadores relacionais que são utilizados em comparações. O resultado de uma comparação é sempre *true* (verdadeiro) ou *false* (falso).

Quadro 2.4 – Operadores relacionais

Operador	Operação	Exemplo	Resultado
>	Maior	5 > 4	true
<	Menor	13 < 7	false
>=	Maior ou igual	6 >= 6	true
<=	Menor ou igual	2 <= 4	true
==	Igual	4 == '4'	true
!=	Diferente	3 != 3	false
===	Idêntico	3 === '3'	false
!==	Não idêntico	4 !== '4'	true

Operadores lógicos

Os operadores lógicos combinam duas ou mais condições lógicas. O operador *e* (and) resulta em verdadeiro quando todas as condições são verdadeiras. Com o operador *ou* (or) o resultado é verdadeiro quando ao menos uma das condições é verdadeira. O operador *não* (not) inverte o valor de retorno: se a condição for verdadeira, retorna o valor falso. As operações são apresentadas no Quadro 2.5.

Quadro 2.5 – Operadores lógicos

Operador	Operação	Exemplo	Resultado
&&	e (and)	(5 > 4) && (2 < 7)	true
||	ou (or)	(13 < 7) || (5 > 4)	true
!	não (not)	!(6 == 7)	true

Operadores de texto

Alguns operadores que já vimos têm outra função quando associados a variáveis de texto, como podemos ver no Quadro 2.6.

Quadro 2.6 – Operadores de texto

Operador	Operação	Exemplo	Resultado
+	somar	`s = "Olá" + "mundo";`	"Olá mundo"
+=	adicionar	`s = "Olá";` `s + = "Mundo";`	"Olá mundo"
==	igual a	`"Olá" == "Olá"`	true
!=	diferente	`"Ana" != "Carolina"`	true

2.2.5 Estruturas de seleção

As estruturas de seleção ou decisão são utilizadas quando há necessidade de verificar condições para a realização de uma instrução ou de uma sequência de instruções.

If

A estrutura de seleção mais simples é a instrução *if* (se):

```
if(condição)
   bloco de código
```

em que *condição* é uma expressão lógica (que tem como resultado verdadeiro ou falso) e *bloco de código* é o que o programa fará se a condição for verdadeira.

Bloco de código pode ser uma linha de código ou mais linhas: no caso de mais linhas, é preciso utilizar as chaves para delimitar o bloco.

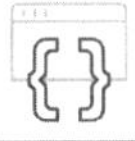

Exemplo 2.8

```
// if com uma linha de código
if(idade >= 18)
   console.log('Pode conduzir!');

// if com mais linhas de código, precisa de chaves
if(gastos > entradas){
   console.log('Gastos maiores que suas entradas.');
   console.log('Está gastando demais!');
}
```

Se a condição na linha 2 for verdadeira, será executada a instrução presente na linha 3. Se a condição na linha 6 for verdadeira, serão executadas as linhas 7 e 8.

If – else

Caso se queira executar um código também quando a condição de um *if* for falsa, pode-se utilizar a estrutura *if - else* (se - senão):

```
if(condição)
    bloco de código 1
else
    bloco de código 2
```

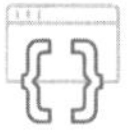

Exemplo 2.9

```
if(idade >= 18)
   console.log('Pode conduzir!');
else
   console.log('Tem que esperar, ainda!');
```

Else não precisa de condição. O programa executa automaticamente o bloco de instruções do *else* quando a condição do *if* não for verdadeira.

Switch

Se quisermos avaliar diferentes valores de uma variável, podemos utilizar o comando *switch*.

```
switch(expressão) {
    case valor 1:
        bloco de código 1
        break;
    case valor 2:
        bloco de código 2
        break;
    ...
    default:
        bloco de código n
}
```

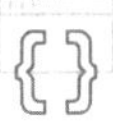

Exemplo 2.10

```
switch(escolha) {
  case 1:
    console.log('Inserir cliente');
    break;
  case 2:
    console.log('visualizar clientes');
    break;
  ...
  default:
    console.log('Valor não previsto');
}
```

2.2.6 Estruturas de repetição

Uma estrutura de repetição é uma estrutura que permite executar mais vezes determinado *bloco de código.*

For

O comando *for* é utilizado quando já sabemos os valores iniciais e finais e o passo da repetição:

```
for(condição inicial; condição final; incremento/decremento)
    bloco de código
```

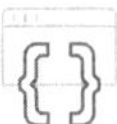

Exemplo 2.11

```
for(i = 1; i<=10; i++){
  console.log(i);
}
```

O exemplo imprime os números de 1 a 10.

While

O comando *while* executa um bloco de operações até a condição da instrução ser atendida:

```
while(condição)
    bloco de código
```

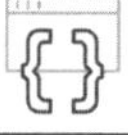

Exemplo 2.12

```
soma = 0;
i = 1;
while(i<=10) {
  soma += i;
  i++;
}
console.log(soma);
```

O exemplo adiciona os números de 1 a 10.

Do – While

A sintaxe desse comando é bem semelhante à do *while*, porém, o teste da condição é realizado depois da execução do bloco de código. Como consequência, o bloco de código é executado pelo menos uma vez.

```
do{
    bloco de código
}while(condição);
```

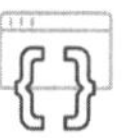

Exemplo 2.13

```
var valor = 0;
do{
  console.log("Valor: " + valor);
  valor += 50;
}while(valor <= 500);
```

2.2.7 Vetores e textos

Um vetor (*array*) é uma coleção de um ou mais valores armazenados em endereços adjacentes de memória. Em JavaScript, os valores dentro de um vetor podem ser de tipos diferentes, e podem ser objetos ou outros vetores.

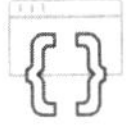

EXEMPLO 2.14

```
var vet1 = [13, 16, 76, 21];
var vet2 = [12, 'oi', false];
var vet3 = [14, ['Bom dia', 10.5], true];
```

Cada valor é chamado de elemento do vetor e pode ser acessado com a notação *vetor[índice]*, considerando que o índice começa da posição 0:

```
console.log(vet1[2]);
// 76
console.log(vet3[1][1]);
// 10.5
```

Em JavaScript, uma variável de texto é vista como um *array* de caracteres. Por isso, podemos utilizar um índice para acessar o caractere de posição desejada:

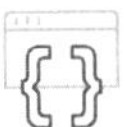

EXEMPLO 2.15

```
nome = 'Emilayne';
console.log(nome[5]);
// 'y'
```

2.2.8 Funções

Partes de código necessitam, às vezes, ser repetidas muitas vezes durante a execução do programa. Em vez de duplicar as linhas que precisam ser repetidas, podemos criar funções. Uma função pode ser vista como um objeto que cumpre determinada tarefa sem que o usuário saiba quais são os passos básicos para cumpri-la, mas somente quais são os dados que devemos passar a ela (parâmetros de entrada - *input*) e qual é o resultado que essa tarefa retorna (resultado - *output*). Uma função pode ou não ter parâmetros de entrada e de resultado.

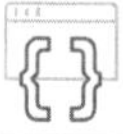

Exemplo 2.16

```
// função sem parâmetros e sem resultado
function menu( ){
  console.log('Bem-vindo, em seguida suas escolhas');
  console.log(' 1. Cadastrar cliente');
  console.log(' 2. Procurar cliente');
  ...
}

// função com parâmetros, mas sem retorno
function escreveResultado(numero){
  console.log('O resultado é ' + numero);
}

// função com parâmetros e retorno
function cambioRealDolar(real){
  dolar = real * 0.26;
  return dolar;
}
```

Para executar as funções, basta indicar o nome e os parêntesis, com os eventuais parâmetros e aceitando o valor de retorno em uma variável.

```
menu( );
// Bem-vindo, em seguida suas escolhas
//  1. Cadastrar cliente
//  2. Procurar cliente

escreveResultado(45.78);
// O resultado é 45.78

var dolar = cambioRealDolar(2);
// dolar = 0.52
```

Além de declarar as funções nessas formas, o JavaScript permite a definição de expressões de função, por exemplo, a última função vista:

```
function cambioRealDolar(real){
  dolar = real * 0.26;
  return dolar;
}
```

Essa função poderia ser escrita desta maneira, como uma expressão de função:

```
var cambioRealDolar = function(real){
  dolar = real * 0.26;
  return dolar;
}
```

Na primeira linha, é criada uma função anônima atribuída a uma variável. Essa forma é mais utilizada quando é preciso declarar funções dentro de objetos para definir métodos (veja a próxima seção).

2.2.9 Objetos

Um objeto é o elemento que representa alguma entidade (abstrata ou concreta) do domínio de interesse do problema em análise. É composto de diferentes propriedades, chamadas de atributos.

EXEMPLO 2.17

```
var pessoa={
  nome: 'Marcos',
  idade: 20,
  cidade: 'Salvador'
};
```

Para acessar os atributos do objeto, utiliza-se a notação com ponto (.):

```
console.log(pessoa.idade);
// 20
```

Nesse sentido, um objeto funciona como um *array* associativo (associando etiquetas a valores).

Objetos são utilizados, também, quando queremos idear um modelo da identidade (*classe*) para poder criar cópias (*instâncias*) que contêm as mesmas propriedades (*atributos*) e comportamentos (*métodos*).

Vejamos um exemplo de criação de classe na seguinte estrutura:

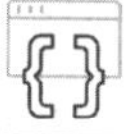

EXEMPLO 2.18

```
var Estudante = function(nome, sobrenome, email){
  this.nome = nome;
  this.sobrenome = sobrenome;
  this.email = email;
  this.faltas = 0;
  this.totalNotas = 0;
  this.numeroNotas = 0;
  this.ausente = function(){
    this.faltas+=2;
    if(this.faltas > 10)
      console.log('Avisar por email ' + this.email +
        'que foram superadas 10h de falta');
  }
  this.novaNota = function(nota){
    this.totalNotas += nota;
    this.numeroNotas++;
  }
 this.mostraMedia = function(){
   if(this.numeroNotas == 0)
     console.log('Estudante sem notas ainda');
   else
     console.log('Média ' + this.nome + ': ' +
       this.totalNotas/this.numeroNotas);
  }
}
```

Em JavaScript, a classe é uma função utilizada para construir e inicializar os atributos. Para indicar os atributos, utilizamos a palavra-chave *this*, que indica um elemento interno da classe. Do mesmo modo, criamos algumas funções dentro da classe, que são chamados de métodos.

Definida a classe, podemos instanciar objetos utilizando o comando *new*, assim:

```
e1 = new Estudante("Marcos", "Ribeiro",
  "m.ribeiro@gmail.com");
e2 = new Estudante("Valéria", "Rosa",
  "valeriarosa@gmail.com");

e1.novaNota(8);
e1.novaNota(6);
e1.mostraMedia();
// Média Marcos: 7
```

```
console.log(e1.nome);
// Marcos

e2.mostraMedia();
// Estudante sem notas ainda

e2.ausente();
console.log(e2.faltas);
// 2
```

Mas essa ainda não é a melhor forma para definir uma classe em JavaScript. No exemplo anterior, cada objeto (e1 e e2) tem atributos duplicados (e isso é bom, porque todo objeto pode ter valores diferentes), mas os métodos também são duplicados (existem dois métodos – ausente e *mostrarMedia* –, um para cada objeto). Seria interessante ter uma instância somente dos métodos, para não ocupar a memória inutilmente. Isso é feito com a palavra-chave *prototype*, que cria um protótipo de funcionamento da classe. Vejamos no exemplo a seguir:

```
var Estudante = function(nome, sobrenome, email){
  this.nome = nome;
  this.sobrenome = sobrenome;
  this.email = email;
  this.faltas = 0;
  this.totalNotas = 0;
  this.numeroNotas = 0;
}
Estudante.prototype = {
  ausente:function(){
    this.faltas+=2;
    if(this.faltas >= 10)
      console.log('Avisar por email (' + this.email +
        ') que foram superadas 10h de falta');
  },
  novaNota:function(nota){
    this.totalNotas += nota;
    this.numeroNotas++;
  },
  mostraMedia:function(){
    if(this.numeroNotas == 0)
      console.log('Estudante sem notas ainda');
    else
      console.log('Média ' + this.nome + ': ' +
        this.totalNotas/this.numeroNotas);
  }
}
```

Do mesmo modo, criamos uma função que é o construtor da classe (linhas 1-8). Depois, com a palavra-chave *prototype*, definimos um objeto que contém os métodos da classe. O exemplo funciona da mesma maneira, porém, na memória, existe um método *ausente* e um método *mostraMedia*, sem duplicados.

2.3 O que não veremos de JavaScript

Já acenamos que com o JavaScript podemos acessar os elementos HTML da página e modificar o conteúdo e o estilo, manipulando o DOM. Outras funcionalidades do JavaScript incluem a gestão dos vários eventos que podem ser assinados à página HTML, tipo *click* nos botões, passar o mouse em cima de algum elemento, executar alguma ação em intervalos de tempo predeterminados, e assim por diante.

Mesmo sendo possível fazer tudo isso com o JavaScript, tais funcionalidades serão analisadas no Capítulo 3 com o uso da biblioteca jQuery, que simplifica a sintaxe e ajuda a organizar o código de maneira mais ordenada.

RELEMBRANDO...

Neste capítulo, abordamos os seguintes temas:

- introdução ao JavaScript;
- variáveis e tipos em JavaScript;
- operadores aritméticos, lógicos, relacionais e de texto;
- estruturas de seleção e de repetição;
- vetores e objetos;
- funções.

Vamos praticar?

2.1 Quais são os principais usos do JavaScript?

2.2 Cite três exemplos de bibliotecas feitas com JavaScript.

2.3 Considere o seguinte código:

```
for(i = 5; i>0; i--){
    console.log(i);
}
```

Qual será o resultado impresso no console?

2.4 Considere o seguinte código:

```
var vet1 = [13, 16, 76, 21];
var vet2 = ['Alana', vet1, 8.5, true];
console.log(vet1[2]);
console.log(vet2[2]);
console.log(vet2[1][2]);
console.log(vet2[0][1]);
```

Qual será o resultado impresso no console?

2.5 O que faz a seguinte função?

```
function semNome(a){
  if(a>0)
    return a;
  else
    return -a;
}
```

2.6 Quais são os tipos de variáveis disponibilizados pelo JavaScript?

2.7 Qual é o resultado das seguintes linhas de código?

```
nome = 'Juliana';
console.log('Olá, ' + nome);
```

2.8 Crie um programa que aceite um valor em reais e calcule o câmbio em dólares e euros.

Pesquisa complementar

- Pesquise o que é o operador condicional ternário e analise como ele funciona.
- Pesquise o que é JSON e qual é sua funcionalidade.

CAPÍTULO 3

jQuery

O jQuery é um kit JavaScript open source utilizado para a criação de aplicações web dinâmicas. Ele é cross-browser, ou seja, funciona na mesma maneira em todas as plataformas e navegadores, suporta a comunicação assíncrona com o servidor (AJAX) de modo mais simples do que JavaScript, utiliza seletores de elementos com base no CSS, suporta animações e efeitos e disponibiliza diferentes widgets e temas.

3.1 Introdução

A primeira versão do **jQuery** foi lançada em janeiro de 2006, com a ideia de tornar mais simples a navegação em páginas HTML e a seleção dos elementos HTML, resolvendo também problemas de compatibilidade entre navegadores (cross-browser issues). A biblioteca jQuery tem sido utilizada por muitas grandes empresas, como Google, Nokia, Microsoft e Netflix.

3.1.1 Principais funcionalidades

Uma das vantagens do jQuery é reduzir o código JavaScript em poucas linhas para a maioria de tarefas comuns em uma página web.

Suas principais funcionalidades são:

- solucionar incompatibilidades entre os navegadores;
- consentir fácil manipulação de HTML/DOM;
- reduzir a quantidade de código;
- gerir eventos eficazmente;
- simplificar o uso de AJAX;
- disponibilizar efeitos, animações e várias utilidades.

3.1.2 Versões

Na página de download do jQuery, há a possibilidade de escolher entre quatro versões da biblioteca:

- compressed;
- uncompressed;
- compressed slim;
- uncompressed slim.

Nas versões compressed, definidas como versões de produção, o código é minimizado, sem comentários e sem espaçamentos entre as instruções. Muito difícil de ler, mas com um peso otimizado. As versões uncompressed, definidas para desenvolvimento, ocupam mais espaço, mas podem ser estudadas.

Para poupar mais espaço, as versões slim não apresentam os recursos de AJAX e efeitos gráficos.

3.1.3 Como incluir o jQuery no documento HTML

Existem duas maneiras de incluir jQuery em um documento HTML.

Versão off-line

Podemos baixar a biblioteca do website do jQuery e inseri-la na pasta do projeto. Nesse caso, o arquivo ocupará espaço no projeto criado, mas com a vantagem de ser acessível e não exigir conexão à internet.

Passos:

1. procurar no site do jQuery a versão minimizada e baixá-la;
2. salvar o arquivo na pasta JavaScript do projeto;
3. referenciar o arquivo jQuery no *head* do HTML, como neste exemplo:

```
<script src="js/jquery-3.3.1.min.js"></script>
```
[1]

Versão on-line

A segunda alternativa é utilizar um serviço on-line, uma rede que distribui o conteúdo (Content Delivery Network – CDN). Para poder acessar a biblioteca, precisamos que a conexão à internet esteja sempre ativa.

Passo único: inserir o seguinte código no *head* do HTML:

```
<script src="https://code.jquery.com/jquery-3.3.1.min.js">
</script>
```

1. Este exemplo faz referência à versao 3.3.1 do jQuery.

3.1.4 Uma comparação entre JavaScript e jQuery

A seguir, você verá um primeiro exemplo, que apresenta a redução de código e a simplicidade alcançada com o jQuery.

EXEMPLO 3.1

O objetivo deste exemplo é apresentar dois parágrafos que serão escondidos ao clicar sobre eles.

HTML

```
<p>parágrafo 1</p>
<p>parágrafo 2</p>
```

JavaScript

```
1. el = document.getElementsByTagName('p');
2. for(i=0; i<el.length; i++)
3.     el[i].addEventListener("click", function(){
4.         this.style.display = 'none';
5.     });.
```

Em JavaScript, utilizamos um método específico para selecionar todos os parágrafos (linha 1) e precisamos executar um laço de repetição (linha 2) para associar todos os parágrafos ao evento *click* (linha 3), indicando a ação a ser feita (linha 4).

jQuery

```
1. $("p").on("click", function(){
2.     $(this).hide();
3. });
```

Em jQuery, podemos selecionar diretamente os parágrafos utilizando um seletor CSS e associar diretamente o que fazer com o elemento clicado. São evidentes a simplicidade e a clareza do código.

3.2 Acesso aos elementos

A principal função do jQuery é selecionar elementos para executar alguma ação: modificar o conteúdo, o estilo, mostrar ou esconder.

3.2.1 Selecionar elementos

Como apresentado anteriormente, o jQuery utiliza seletores CSS para selecionar os elementos da página HTML. O comando é:

```
$("seletor CSS")
```

Vamos analisar alguns exemplos de uso:

```
$("tag")        // para selecionar uma tag
$("#id")        // para selecionar um id
$(".classe")    // para selecionar uma classe
$("#id tag")    // para fazer uma seleção composta
```

EXEMPLO 3.2

```
1. $("#box1")
2. $("div.temp")
3. $(".postit")
```

Na primeira linha, o código seleciona um elemento de *id box1*; na segunda, são selecionados todos os *div* de classe *temp*, e na terceira linha, qualquer elemento de classe *postit*.

3.2.2 Formatação dos elementos

Podemos facilmente acessar a formatação dos elementos usando o método CSS:

```
seleção.css(propriedade, valor)
```

Com esse método, podemos atribuir um valor a uma propriedade CSS. Se precisarmos trabalhar com mais propriedades, podemos passar um objeto como parâmetro do método:

```
seleção.css({propriedade: valor, propriedade: valor});
```

Quando utilizamos esse método indicando somente um parâmetro, a propriedade, significa que pretendemos acessar a formatação daquela propriedade:

```
valor = seleção.css(propriedade)
```

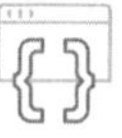

Exemplo 3.3

```
1. $("#box1").css("width", 500);
2. $("div.temp").css("display", "none");
3. $(".postit").css( {"font-size": "16pt",
   "font-family": "arial" } );
4. visibilidade =  $("#box1").css("display");
5. dimFonte = $(".postit").css("font-size");
```

Na primeira linha, estabelecemos a largura do elemento #box1 como 500 px. Na segunda linha, escondemos todos os *divs* de classe *temp*. Na linha 3, mudamos a fonte (tamanho e tipo) de todos os elementos de classe *postit* para Arial, 16 pt. A quarta linha memoriza na variável visibilidade o tipo de display do elemento de *id box1*. A quinta linha memoriza o tamanho de fonte dos elementos de classe *postit*.

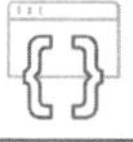

Exemplo 3.4

Seletores e método CSS

Neste exemplo, mostraremos como modificar a formatação de elementos mediante código jQuery.

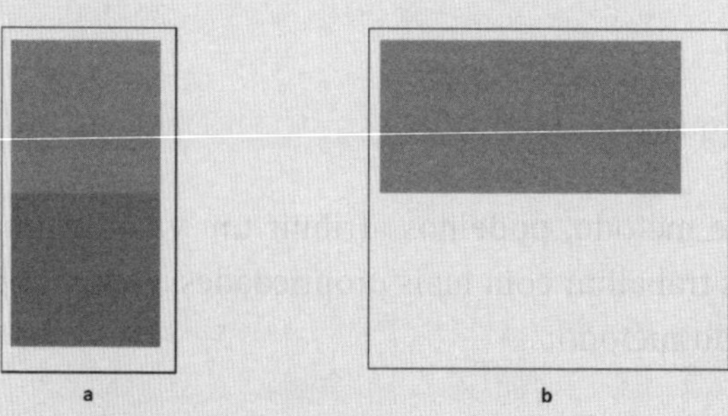

Figura 3.1 Elementos da página antes (a) e depois de ser modificada com o jQuery (b).

```
1. <!DOCTYPE html>
2. <html>
3. <head>
4.   <script src="js/jquery.js"></script>
5.   <meta charset="utf-8">
6.   <title>Seletores e método css</title>
7.   <style>
8.     .box{
9.       width: 100px;
10.      height: 100px;
11.    }
12.    #box1{
13.      background-color: indianred;
14.    }
15.    #box2{
16.      background-color: forestgreen;
17.    }
18.  </style>
19. </head>
20. <body>
21.   <div class="box" id="box1"></div>
22.   <div class="box" id="box2"></div>
23.   <script>
24.     $(‘#box1’).css(‘width’, 200);
25.     $(‘#box2’).css(‘display’, ‘none’);
26.   </script>
27. </body>
28. </html>
```

No HTML, são criados dois *div* de classe *box* e *id box1* e *box2* (linhas 21 e 22). No CSS, definimos altura e largura de 100 px para os elementos de classe *box* (linhas 9 e 10) e uma cor diferente para cada *box* (linhas 12-14 e linhas 15-17).

Até aqui, o código cria duas caixas de 100 px de altura e largura, uma vermelha (*indianred*, linha 13), e outra, verde (*forestgreen*, linha 16), como visto em Figura 3.1a. A linha 24 seleciona o elemento de *id box1* e muda a largura para 200 px, ao passo que a linha 25 esconde o *box2* utilizando a propriedade *display*. O resultado é mostrado na Figura 3.1b.

ATENÇÃO!

As figuras coloridas podem ser vistas na plataforma da editora.

3.2.3 Dimensões e posicionamento

Todo elemento HTML tem largura e altura (*width* e *height*, respectivamente). Veja:

```
w = seleção.width()
h = seleção.height()
```

Esses métodos retornam esses valores. Passando parâmetros a esses métodos, podemos atribuir os valores de largura e altura.

O jQuery tem acesso a dois objetos que representam a janela do navegador e o documento HTML. Esses são respetivamente:

```
$(window)
$(document)
```

O objeto *window* representa o espaço do documento visível do navegador (a *viewport*), ao passo que o objeto *document* representa o documento inteiro, o qual, usualmente, tem a mesma largura da janela, mas pode ter altura maior, dependendo do conteúdo.

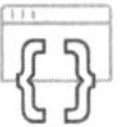

Exemplo 3.5

Janela centralizada

Neste exemplo, vamos criar uma janela centralizada no meio do navegador.

Lorem ipsum dolor sit amet, consectetur adipisicing elit.
Repudiandae ullam velit, at qui minus pariatur dignissimos,
tenetur quidem, nisi ducimus quaerat sit autem quam
voluptate porro
praesentium re nostrum sed
sunt delectus q minima
voluptatem vo Janela Centralizada xime.
Corporis nemo me, nisi fugit
provident nece rupti nobis
aperiam expedita deserunt reprehenderit vitae natus, eos
facere. Est eaque deserunt quibusdam, facere ducimus
mollitia corporis veritatis, a eum tenetur porro error nam hic
magni sunt odio, id dolore rem. Deserunt sequi facere, aut

Figura 3.2 Janela centralizada no navegador.

HTML

```
<div id="janela">Janela Centralizada</div>
<p>Lorem ipsum dolor sit amet, consectetur adipisicing elit. Repudiandae ullam velit, at qui minus pariatur...</p>
```

Com o HTML, criamos a estrutura do documento: um *div* de id janela e um parágrafo com diferentes linhas de texto.

CSS

```
#janela{
   width: 200px;
   height: 100px;
   line-height: 100px;
   background-color: darkgreen;
   border: 3px solid white;
   color: white;
   text-align: center;
   position: absolute;
}
```

No CSS, definimos as características da janela – largura, altura, cor de fundo e de texto – e a borda, centralizamos o texto e definimos sua posição absoluta, para que fique em cima do parágrafo de texto.

jQuery

```
1. lTela = $(window).width();
2. aTela = $(window).height();
3. lJanela = $('#janela').width();
4. aJanela = $('#janela').height();
5.
6. posx = (lTela - lJanela) / 2;
7. posy = (aTela - aJanela) / 2;
8.
9. $('#janela').css({'left': posx, 'top': posy});
```

Nas linhas 1 e 2, recuperamos a largura e a altura da janela do navegador (*window*), ao passo que, nas linhas 3 e 4, recuperamos a altura e a largura do *div* janela. Nas linhas 6 e 7, utilizamos uma fórmula para calcular a distância da borda, a fim de que a janela fique centralizada no navegador. Na linha 9, empregamos o método CSS para centralizar a janela utilizando as propriedades CSS *left* e *top*.

Caso os elementos tenham o atributo posicionamento (*position*) diferente de *static*, pode haver um deslocamento da posição predefinida no HTML.

Por isso existe o método *position()*, que retorna os elementos *top* e *left* de deslocamento, considerando o topo e o lado esquerdo:

```
t=seleção.position().top;
l=seleção.position().left;
```

3.3 Inserir e remover conteúdos e elementos HTML

O jQuery disponibiliza métodos práticos para inserir e remover conteúdos na página web.

3.3.1 Inserir conteúdos nos elementos

Com o jQuery, podemos inserir e substituir muito facilmente texto nos elementos do documento. Os métodos utilizados para isso são:

```
seleção.text('texto');
seleção.html('texto HTML');
```

O método *text* insere texto simples, ao passo que o método *html* insere texto com elementos HTML.

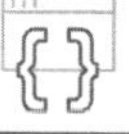

EXEMPLO 3.6

HTML

```
<div id="titulo">Título da seção</div>
<div id="produto"></div>
```

JQUERY

```
$('#produto').text('Modelo HZ6');
$('#titulo').html('<h2>Novo Título</h2>');
```

Neste exemplo, temos dois *div* no código HTML e com jQuery. Mediante os métodos *text* e *html*, modificamos seu conteúdo.

3.3.2 Criação e remoção de elementos

O jQuery disponibiliza dois métodos para adicionar e remover elementos no documento HTML

```
seleção.append('elemento');
seleção.remove();
```

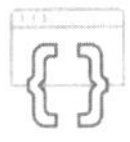

EXEMPLO 3.7

```
1. $('body').append('<p>Novo parágrafo</p>');
2. $('ul').append('<li>Item de lista</li>');
3. $("#box2").remove();
```

Na primeira linha, adicionamos um parágrafo no corpo do documento, e na segunda adicionamos um item de lista no interior do elemento *ul*. É importante ressaltar que *append* adiciona elementos depois dos últimos presentes. Então, o parágrafo será o último elemento antes do fechamento do *body*, e o item será adicionado como último item da lista *ul*. Na terceira linha, eliminamos o elemento de *id box2*.

3.4 Eventos

O JavaScript e, consequentemente, o jQuery, interagem com os elementos HTML por meio de eventos que acontecem em diferentes situações: um *click* em um botão, passar com o mouse sobre um elemento da página, a pressão com o dedo sobre a tela de um dispositivo *touch* e, também, quando o navegador termina de carregar a página web.

3.4.1 Como capturar um evento

No Quadro 3.1, podemos ver alguns eventos que podem ser capturados pelo JavaScript/jQuery.

Quadro 3.1 – Alguns eventos de jQuery	
Evento	Acontece quando...
click	pressiono e solto o botão do mouse.
mousedown	pressiono o botão do mouse.
mouseup	solto o botão do mouse.
mousemove	movimento o mouse.
tap	pressiono e solto com o dedo na tela.
touchstart	toco a tela de um dispositivo móvel.
touchend	levanto o dedo da tela.
touchmove	movimento o dedo na tela.

Para poder capturar um evento, é preciso estabelecer um "observador" (*listener*), que fica esperando o evento ocorrer, além de indicar o que fazer quando o evento ocorrer.

Para definir o observador de um elemento, utilizamos o método *on*, indicando o evento observado e a função para gerenciar o evento.

```
seleção.on('evento', gerenciador);
```

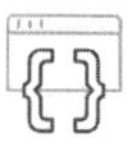

EXEMPLO 3.8

```
1. $('#box1').on('click', estender);
2.
3. function estender(event){
4.    $('#box1').css('width', 200);
5. }
```

Na linha 1, definimos um observador do evento *click* sobre o elemento de *id box1* e indicamos a função estender como gerenciador do evento. A função estender recebe automaticamente um parâmetro, que é o evento que gerou a chamada. A função seleciona novamente o *box1* e modifica sua largura com o método CSS.

Veja, a seguir, o mesmo exemplo, desta vez utilizando uma função anônima em vez de declarar a função estender para gerenciar o evento.

```
$('#box1').on('click', function(event){
    $('#box1').css('width', 200);
});
```

Para eliminar um observador de eventos, há o método *off*, que requer como parâmetro o evento que se deseja não ser mais observado.

```
seleção.off('evento');
```

```
$('#box1').off('click');
```

3.4.2 Uso de *this*, *each* e *document ready*

Na gestão de eventos, temos alguns elementos que simplificam a vida do programador.

This

Quando um evento é gerado, podemos utilizar o objeto

```
$(this)
```

na função que o gerencia. Ele apontará para o elemento que gerou o evento.

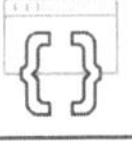

Exemplo 3.9

```
1. $('.box').on('click', function(){
2.     $(this).css("opacity",.5);
3. }
```

Observamos o evento *click* nos elementos de classe box (linha 1). No *click*, modificamos a opacidade do elemento clicado (linha 2).

Each

O método *each* permite efetuar uma operação com todos os elementos da seleção. A sintaxe é:

```
seleção.each(função);
```

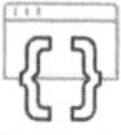

EXEMPLO 3.10

```
1. i=1;
2. $(".box").each(function(){
3.    $(this).text("box" + i);
4.    i++;
5. });
```

Nesse exemplo, selecionamos todos os elementos de classe *box*, e para cada um deles (linha 2) colocamos o texto "*box n*" dentro, em que *n* é o número sequencial do elemento (linha 3).

DOCUMENT READY

Quando o código jQuery está em um elemento *script* no final da página HTML, temos a certeza de que será executado depois que todos elementos da página forem renderizados, e não haverá problemas para referenciá-los. Ao colocar o código no *head* do documento ou em um documento JavaScript externo, devemos ter o cuidado de executar aquele código somente quando todos elementos da página já estiverem renderizados. O jQuery disponibiliza um evento que representa essa situação:

```
$(document).ready(função);
```

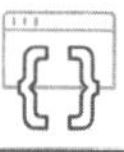

EXEMPLO 3.11

```
$(document).ready(function(){
        // instruções
});
```

```
Pode ser utilizada a seguinte abreviação:
$(function(){
    // instruções
});
```

As instruções contidas na função serão executadas somente quando o documento estiver renderizado.

3.5 Estratégias para animar elementos

Com o jQuery, podemos utilizar alguns efeitos básicos de animação disponíveis ou criar uma animação personalizada, adicionando e removendo classes CSS.

3.5.1 Efeitos básicos de animação

O jQuery disponibiliza alguns efeitos básicos para adicionar animação nas páginas web. Para mostrar/esconder um elemento, utilizamos:

```
seleção.hide(duração, completo);
seleção.show(duração, completo);
seleção.toggle(duração, completo);
```

O método *hide* esconde os elementos da seleção, ao passo que o método *show* os mostra. O método *toggle* alterna os elementos, ou seja, esconde-os se estiverem visíveis, e vice-versa.

Os parâmetros *duração* e *completo* são opcionais. A duração-padrão é de 400 milissegundos. Alternativamente, é possível utilizar as strings *fast* e *slow*, que indicam, respectivamente, duração de 200 e 600 milissegundos ou indicar um valor numérico em milissegundos.

O parâmetro *completo* é uma função de retorno de chamada (*callback*), ou seja, uma função que pode ser executada ao término dos métodos *hide*, *show* e *toggle*.

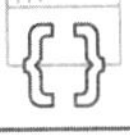

EXEMPLO 3.12

```
$('#box').hide('slow', function(){
    $(this).remove();
});
```

O código esconde o elemento de *id box* com uma velocidade de 200 milissegundos. Ao concluir a animação, o elemento é eliminado.

Outros efeitos de animação mostram e escondem os elementos com diferentes efeitos, deslizando ou desaparecendo/aparecendo.

Os métodos *fade* (desvanecer) utilizam a opacidade dos elementos para escondê-los e exibi-los:

```
seleção.fadeIn(duração, completo);
seleção.fadeOut(duração, completo);
seleção.fadeToggle(duração, completo);
```

Os parâmetros são os mesmos dos métodos anteriores.

Os métodos *slide* (deslizar) utilizam a altura dos elementos para esconder/exibir:

```
seleção.slideUp(duração, completo);
seleção.slideDown(duração, completo);
seleção.slideToggle(duração, completo);
```

3.5.2 Animar elementos adicionando e removendo classes

O JQuery fornece métodos para adicionar e remover dinamicamente classes de elementos:

```
seleção.addClass('classes');
seleção.removeClass('classes');
seleção.toggleClass('classes');
```

Disponibiliza, também, um método para verificar se a um elemento foi atribuída uma classe específica:

```
c = seleção.hasClass('classe');
```

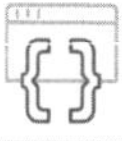

EXEMPLO 3.13

QUADRADOCIRCULO

Neste exemplo, transformaremos um quadrado vermelho em um círculo amarelo mediante a atribuição de uma classe.

Figura 3.3 Execução da transformação do quadrado em círculo.

HTML

```
<div></div>
<br>
<button>Transforma</button>
```

No HTML, temos três elementos: um *div*, que será nosso quadrado; um *br*, para deixar espaço entre o *div*; e um *button*, para ativar a transformação.

CSS

```
1. body{
2.   padding: 20px;
3. }
4. div{
5.   width: 100px;
6.   height: 100px;
7.   background-color: red;
8.   transition: all 2s;
9. }
10. .circulo{
11.   background-color: yellow;
12.   border-radius:50%;
13.   transform:rotate(720deg);
14. }
```

No CSS, definimos um *padding* para o *body* da página, para que o quadrado fique devidamente centralizado. A partir da linha 4, definimos a formatação do *div*: 100 pixels de largura e altura, fundo vermelho e, na linha 8, definimos um tempo de transição de dois segundos na modificação de todas propriedades do *div*. A partir da linha 10, é definida uma classe *circulo*, com fundo amarelo, uma borda de 50% (ou seja, formando um círculo) e uma rotação de 720° (duas vezes 360°, ou seja, duas rodadas completas).

JQUERY

```
$('button').click(function(){
  $('div').toggleClass('circulo');
});
```

A “magia” está nessas linhas do jQuery: no clique do botão, adicionamos ou removemos a classe *circulo* ao *div*, modificando as características do *div*: a cor vira amarelo, as bordas ficam redondas e o *div* efetua uma rotação. A propriedade *transition* é responsável por animar essa transição.

ATENÇÃO!

No exercício, utilizamos diretamente as tags de elementos sem definir id e classes. Nesse contexto, sendo um exercício, podemos ficar tranquilos de que não haverá outro código envolvido. Considerando um código mais complexo, será bom atribuir id e classes adequados aos elementos.

3.6 Carregamento assíncrono de dados

Em JavaScript, podemos carregar dados do servidor sem necessidade de recarregar a página atual ou outra página. Isso pode ser feito mediante o uso de AJAX, mas é complicado utilizá-lo, porque diferentes navegadores têm diferentes sintaxes JavaScript para fazer isso. O jQuery simplifica o uso, fornecendo funções unificadas para poder acessar documentos externos. Um método para fazer isso é o seguinte:

```
$.ajax({
  type: "post ou get",
  url: "url do arquivo que vai elaborar os dados",
  data: dados,
  success: function(resultado){
    // o que fazer no caso de sucesso
  },
  error: function(resultado){
    // o que fazer no caso de erro
  }
});
```

Passamos para o método AJAX um objeto com os seguintes campos: *type*, em que indicamos o tipo de passagem de parâmetros – *post* ou *get* –; *url*, que indica o arquivo que realizará nosso pedido; um campo *data*, utilizado para enviar os parâmetros necessários para realizar o pedido; *success*, uma função de *callback* executada quando o pedido retorna com sucesso; *error*, uma função de *callback* que é executada quando o pedido retorna com algum erro.

Aqui, veremos um exemplo com uma forma mais simples do método AJAX:

```
$.ajax({
  url: "arquivo",
  success: função,
  error: função
});
```

O escopo é carregar um texto do servidor sem mudar de página ou recarregá-la, deixando para o Capítulo 4 uma análise mais aprofundada desse método.

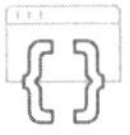

EXEMPLO 3.14

AJAX

Neste exemplo, utilizamos AJAX para carregar dinamicamente em um *div* o conteúdo de um arquivo presente no servidor.

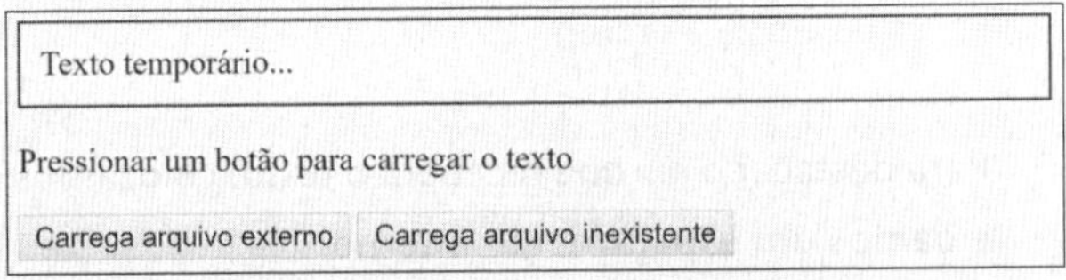

Figura 3.4 Tela inicial do exemplo.

Figura 3.5 Arquivo carregado.

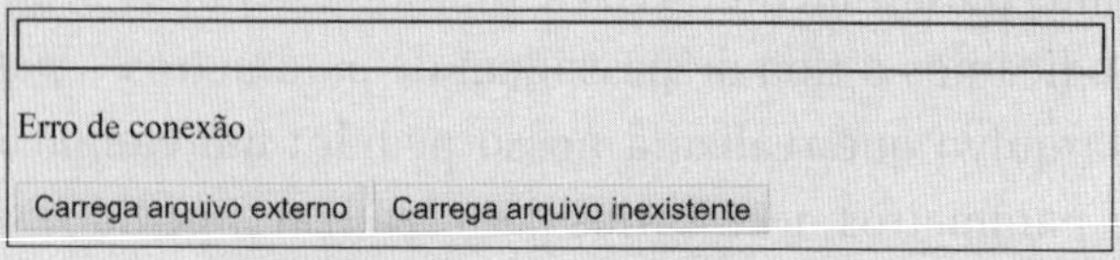

Erro de conexão

Carrega arquivo externo Carrega arquivo inexistente

Figura 3.6 Exemplo de erro de conexão, não encontrando o arquivo requisitado.

HTML

```
<div id='texto'>Texto temporário...</div>
<p id='resultado'>Pressionar um botão para carregar o
texto</p>

<button id='button1'>Carrega arquivo externo</button>
<button id='button2'>Carrega arquivo inexistente</ button>
```

O HTML é básico, com um *div* para armazenar o texto carregado, um parágrafo de resultado do requerimento e dois botões para carregar dois arquivos.

CSS

```
#texto{
  border: 1px solid black;
  padding: 10px;
}
```

Para destacar o *div* que receberá o texto, colocamos uma borda ao redor e damos um espaçamento interno.

jQuery

```
$("#button1").click(function(){
  $.ajax({
    url: "texto.txt",
    success: sucesso,
    error: erro
  });
});
$("#button2").click(function(){
  $.ajax({
    url: "texto2.txt",
```

```
11.     success: sucesso,
12.     error: erro
13.   });
14. });
15. function sucesso(result){
16.   $("#texto").html(result);
17.   $("#resultado").text('Texto carregado');
18. }
20. function erro(result){
21.   $("#texto").html('');
22.   $("#resultado").text('Erro de conexão');
23. }
```

As linhas 1-7 e 8-14 estabelecem os observadores do evento *click* nos dois botões. Ambos utilizam o método AJAX, indicando o arquivo que precisa ser carregado (linhas 3 e 10) e indicando as duas funções de gerenciamento de sucesso (linhas 4 e 11) e de erro (linhas 5 e 12) da chamada. Note que as funções de gerenciamento são as mesmas.

A partir da linha 15, é explicitada a função sucesso, que recebe automaticamente um parâmetro *result*, o qual, neste caso, é o conteúdo do arquivo carregado. No caso de sucesso, o resultado é mostrado no *div* predisposto e uma mensagem de carregamento é mostrada no elemento de parágrafo.

A partir da linha 20 se encontra a função de erro que sinaliza o erro de conexão.

O objetivo do exercício é mostrar o comportamento do método AJAX em caso de sucesso e de erro. Por isso, o primeiro botão carrega o arquivo texto.txt (presente no mesmo diretório) e o segundo tenta carregar um arquivo chamado texto2.txt, que não existe.

Documento texto.txt

```
1. <h1>Lorem ipsum dolor sit amet</h1>
2. Consectetur adipisicing elit. Suscipit <b>aspernatur iusto</b> fuga aliquid eveniet possimus, reprehenderit nisi ducimus nulla alias optio autem quas laborum nostrum nemo officia recusandae consequatur, amet!
```

Este é o conteúdo do arquivo texto.txt: um arquivo de texto com algumas tags HTML.

ATENÇÃO!

Tenha em mente que o JavaScript não permite o carregamento de arquivos locais (imagens ou textos). Por isso, devemos executar o exemplo em um servidor real ou simulado. O Brackets (veja Capítulo 1) cria automaticamente um servidor virtual sempre que uma página web for renderizada.

RELEMBRANDO...

Neste capítulo, abordamos os seguintes temas:

- o que são HTML, CSS e JavaScript;
- como é feita uma página HTML;
- os comandos HTML que precisamos para utilizar o Phaser;
- o que é uma *viewport* e como configurar uma página para ser visualizada do mesmo modo em todos os dispositivos;
- quais comandos CSS utilizamos para configurar uma página de nosso jogo;
- variáveis e tipos em JavaScript;
- operadores matemáticos, lógicos, booleanos e de texto;
- estruturas condicionais e de repetição;
- vetores e objetos;
- funções.

VAMOS PRATICAR?

3.1 Quais são as principais funcionalidades do jQuery?

3.2 Qual é a diferença entre as versões *uncompressed* e *compressed slim* do jQuery?

3.3 Em quais modos é possível conectar a biblioteca jQuery a um documento HTML?

3.4 Quais dessas afirmativas são verdadeiras?

a) O jQuery executa mais rápido que o JavaScript.

b) O jQuery tem uma sintaxe mais simples que a do JavaScript.

c) A biblioteca do JavaScript é mais pesada do que a do jQuery.

d) O JavaScript resolve os *cross-browser issues*.

e) O jQuery costuma ter menos linhas de código de um mesmo programa escrito em JavaScript.

3.5 O que este seletor de fato seleciona?

```
$("nav ul li a.active")
```

3.6 Com qual comando selecionamos um elemento de *id box* e modificamos a opacidade dele para 50%?

3.7 Qual endereço aparece depois de o jQuery ser executado?

HTML

```
<div>Nosso endereço é <span class="endereco">Rua Pará 180</
span></div>
```

jQuery

```
$('div.endereco').text('Rua Paraná 130');
```

3.8 O que é um evento *touchend*?

3.9 Encontre o erro no seguinte código:

```
$('#box').hide('2000', function(){
  $(this).remove();
});
```

3.10 O que permite a tecnologia AJAX em uma página web?

Pesquisa complementar

- Pesquise sobre o funcionamento de um *widget* de jQuery.
- Procure na internet como funcionam os temas de jQueryUI.

```
attachEvent",W=p.XMLHt
/CriOS/.test(navigator.user
return t[n].exports}if("function"==typeo
"handle"),a=e(2),u=e(3),c=e("e
ja(p,function(e,t){s[t]=o(d+t
"function"==typeof t;return i(l+"trac
ibute,save,ignore,onEnd,get
&&(n[i]=t(r,e[r]),i+=1);ret
[function(e,t,n){t.exports={
i()}function n(n,r,
(n))}function g(e,t){f
var u="nr@context"
le:!1}),r}catch(i){}
e;return!e||"ob
(s.abort,3e4),!(e&&e.
d.readyState&&i()
),p=window,d=p.docu
,agent:"js-a
,u],null,"a
(o||t)),e,o.expor
),t?void 0
,l=d
```

PARTE 2

CRIAÇÃO DE APLICATIVOS COM TECNOLOGIAS WEB

CAPÍTULO 4

Como Memorizar Dados

Muitos aplicativos têm a necessidade de memorizar informações de maneira permanente. Essas informações podem ser locais (configurações do aplicativo, estado do jogo) ou globais (estatísticas sobre o uso do aplicativo, dados que podem ser acessado de outras maneiras ou em outras plataformas). Neste capítulo, vamos analisar como salvar os dados localmente e on-line.

4.1 Salvar dados localmente

Os *cookies* são informações que um site pode salvar no computador do usuário por diferentes motivos: personalização do site que o usuário quer manter entre uma sessão e outra, acesso a serviços que precisam de identificação do usuário (como e-mail ou repositório on-line). Com HTML5, essas funcionalidades podem ser executadas com a ferramenta **Web Storage**, que possibilita maior controle sobre os dados salvos e armazenar mais informações, dado que, em média, temos à disposição 5 MB (o valor depende do navegador), contra os 4 KB dos cookies.

O Web Storage disponibiliza dois objetos para a memorização de dados locais: localStorage e sessionStorage. Ambos são componentes do objeto global *window* e podem ser acessados como segue:

```
window.localStorage ou localStorage
window.sessionStorage ou sessionStorage
```

O **localStorage** permite a memorização de dados sem vencimento, que permanecem entre uma sessão e outra do navegador ou do aplicativo; o sessionStorage memoriza as informações somente naquela sessão até fechar o navegador ou a aba onde o aplicativo estava rodando.

Deve-se verificar com antecedência se o navegador é compatível com HTML5 e disponibiliza esses objetos, testando a existência do objeto Storage.

Atualmente, todos os navegadores dão suporte a essa funcionalidade, com exceção do Opera Mini (Figura 4.1).

IE	Edge	Firefox	Chrome	Safari	Opera	iOS Safari	Opera Mini	Android Browser	Chrome for Android
6-7		2-3		3.1-3.2	10.1				
8-10	12-17	3.5-62	4-69	4-11.1	11.5-55	3.2-11.4		2.1-4.4.4	
11	18	63	70	12	56	12	all	67	70
		64-65	71-73	TP					

Figura 4.1 Suporte atual dos principais navegadores ao elemento Storage. Fonte: Can I Use (dez. 2019).

O site W3schools[1] sugere o seguinte código para testar a disponibilidade do Web Storage:

```
1. if (typeof(Storage) !== "undefined") {
2.     // código que usa localStorage ou sessionStorage
3. } else {
4.     // sem suporte ao Storage
5. }
```

Na linha 1, compara-se o tipo do objeto Storage com "undefined". Essa estratégia de comparar o tipo é utilizada porque, se compararmos diretamente o objeto e o objeto não existisse o navegador, sinalizaria um erro, como podemos ver na Figura 4.2, na qual testamos

```
if (Storage !== "undefined")
```

no Internet Explorer 6, que ainda não suportava essa funcionalidade. Então, se o tipo do objeto Storage não é "undefined", significa que o objeto existe e podemos utilizar localStorage e sessionStorage em nosso código.

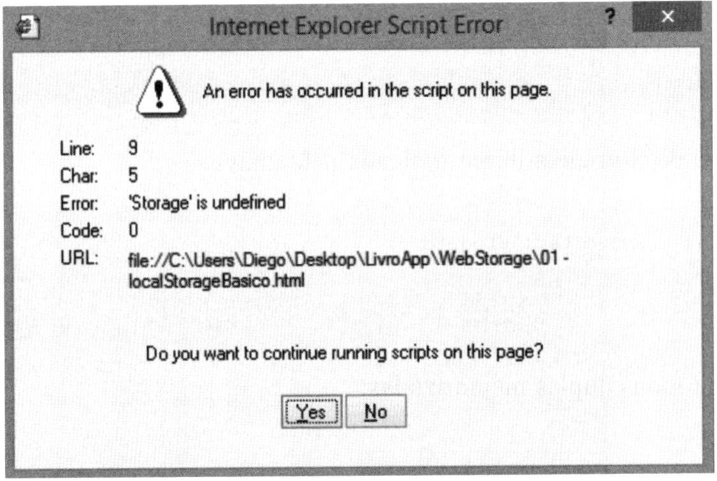

Figura 4.2 Janela de erro do Internet Explorer 6.

1. https://www.w3schools.com/htmL/html5_WEBSTORAGE.ASP

As informações são memorizadas em duplas chave-valor, e temos o seguinte método disponível:

```
setItem(chave, valor)
```

Este método permite memorizar no localStorage ou no sessionStorage um valor referenciado por uma chave. Existem formas de uso alternativas:

```
localStorage.setItem('produto', 'camisas');
localStorage['produto'] = 'camisas';
localStorage.produto = 'camisas';
```

```
getItem(chave)
```

Recupera um valor do Storage utilizando a chave, e ele também conta com formatos diferentes:

```
valor = localStorage.getItem('produto');
valor = localStorage['produto'];
valor = localStorage.produto;
```

```
removeItem(chave)
```

Elimina do Storage a dupla indicada pela chave:

```
localStorage.removeItem('produto');
```

```
clear()
```

Elimina todas duplas memorizadas:

```
localStorage.clear();
```

A seguir, veremos alguns exemplos com localStorage e sessionStorage.

4.1.1 LocalStorage

Como já indicado, o localStorage é utilizado quando os dados que desejamos salvar não têm vencimento e precisam permanecer entre um uso e outro do aplicativo/site.

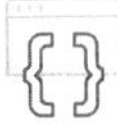

EXEMPLO 4.1

LOCALSTORAGE BÁSICO

No primeiro exemplo, veremos um uso básico do localStorage e abordaremos a funcionalidade do *Inspector*, do Google Chrome.

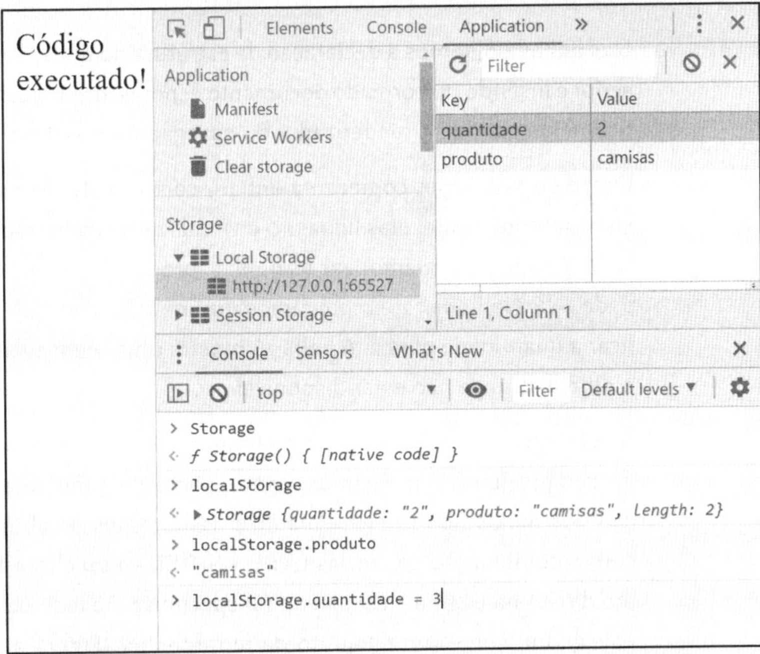

Figura 4.3 Resultado do primeiro exercício do localStorage.

```
<!DOCTYPE html>
<html lang="pt-br">
<head>
  <meta charset="UTF-8">
  <title>Document</title>
</head>
```

```
7. <body>
8. <script>
9.   if(typeof(Storage)!=="undefined") {
10.    localStorage.setItem('produto', 'camisas');
11.    localStorage.setItem('quantidade', 5);
12.    localStorage['quantidade'] = 2;
13.    document.write('Código executado!');
14.  }
15.  else
16.   document.write('O objeto Storage não está disponível!');
17. </script>
18. </body>
19. </html>
```

Nas linhas 1-8, temos a declaração da estrutura do documento HTML. O script é inserido no corpo do documento e, por isso, é executado automaticamente quando o renderizador do navegador encontra a tag <script>.

O código JavaScript começa na linha 9 com o teste do objeto Storage visto anteriormente. Nas linhas 10 e 11, utilizamos o método setItem do localStorage para memorizar as duplas 'produto' = 'camisas' e 'quantidade' = 5. Na linha 12, empregamos um método alternativo para modificar a quantidade para 2. A linha 16 mostra uma mensagem no caso de o objeto storage não estar disponível.

Ao carregar a página, surgirá a mensagem de confirmação da execução do código (linha 13). Vejamos, agora, como se pode verificar a gravação dos dados no Storage. Para fazer isso, temos de abrir o Inspector com a combinação das teclas CTRL + SHIFT + I ou clicando com o botão direito na página e escolhendo **Inspecionar**. Ao lado ou ao fundo do navegador, surge um conjunto de ferramentas (Figura 4.4). Na parte superior, devemos especificar e selecionar a aba Application (a). Uma vez selecionada essa aba, surgem os instrumentos do objeto Storage. Ao clicar no seletor Local Storage (b), surge a indicação de nosso site local (127.0.0.1). Na parte lateral (c), podemos ver as duplas chave-valor (Key-Value) com os dados salvos.

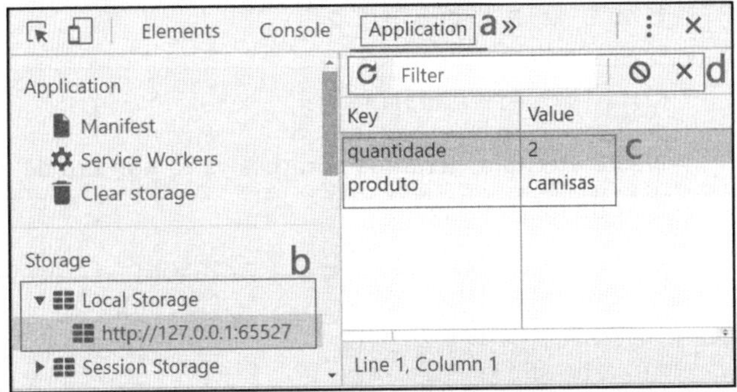

Figura 4.4 Detalhe da ferramenta Inspector, que mostra o objeto Storage.

A ferramenta permite atualizar os elementos visualizados, eliminar todas as duplas memorizadas, eliminar algumas e visualizar as duplas utilizando um filtro (d).

Na zona mais abaixo, temos a console (Figura 4.5), no qual podemos inserir comandos para verificar interativamente os valores do Storage. Neste exemplo, testamos a presença do objeto Storage e localStorage, visualizamos o elemento de chave produto e modificamos o elemento de chave quantidade.

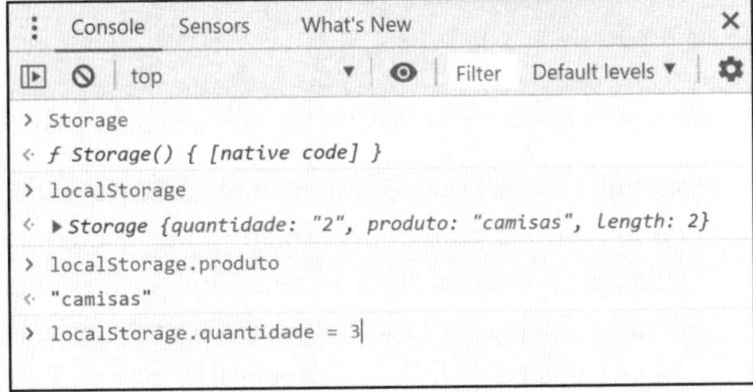

Figura 4.5 Detalhe da console com algumas instruções.

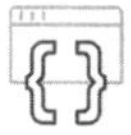

EXEMPLO 4.2

LOCALSTORAGE VISITAS

Neste exemplo, veremos como salvar o número de visitas à página utilizando localStorage.

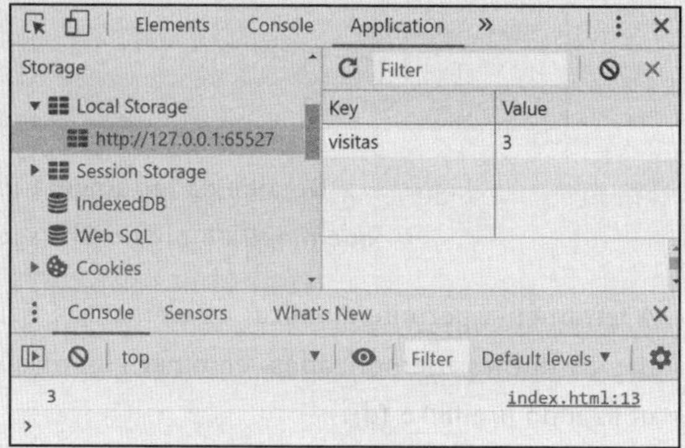

Figura 4.6 Detalhe da console com algumas instruções.

```
1. if(typeof(Storage)!=="undefined") {
2.    visitas = parseInt(localStorage.getItem('visitas')||0) + 1;
3.    localStorage.setItem("visitas", visitas);
4.
5.    console.log(visitas);
6. }
7. else
8.    document.write('O objeto Storage não está disponível');
```

Na linha 1, verificamos a disponibilidade do Storage. Na linha 2, utilizamos um atalho para incrementar um contador de visitas à página. Mediante o método *getItem*, tentamos acessar uma chave de nome "visitas". Caso ela exista, retorna o valor salvo; caso contrário, retorna *undefined*, que é um valor que, nos testes lógicos, é avaliado como falso e, por isso, o *or* da linha 2 tem o primeiro parâmetro como falso, avaliará o segundo, e é este que deverá ser considerado. Resumindo, nesta linha, se a chave visitas existir, será passado o valor correspondente. Caso contrário, será passado o valor 0. O parseInt é necessário, dado que os valores memorizados no Storage são salvos como *strings* de texto. No final, esse valor é incrementado em um para atualizar o número de acessos. Na linha 5, imprimimos na console o número de visitas atualizadas.

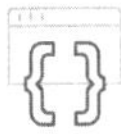

EXEMPLO 4.3

LOCALSTORAGE FORMULÁRIO

O terceiro exemplo mostra como salvar dados de um formulário em duas formas diferentes: utilizando duplas chave-valor e compactando tudo em uma *string* JSON. Neste exemplo, o código foi dividido nos arquivos index.html e script.js.

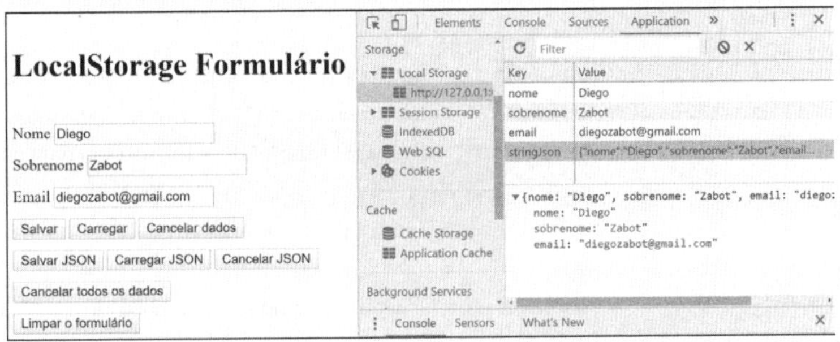

Figura 4.7 Formulário e localStorage.

HTML (INDEX.HTML)

```
<!DOCTYPE html>
<html lang="en">
<head>
<meta charset="UTF-8">
<title>localStorage Formulário</title>
<style>
  body{ line-height: 2; }
</style>
<script src="https://code.jquery.com/jquery-3.3.1.min.js">
</script>
<script src="script.js"></script>
</head>
<body>
  <h1>localStorage Formulário</h1>
  <form class="form-login"  method="post">
    <label for="nome">Nome</label>
    <input name="nome" type="text" id="nome"><br>
```

```
18.     <label for="sobrenome">Sobrenome</label>
19.     <input name="sobrenome" type="text"
        id="sobrenome"><br>
20.     <label for="email">Email</label>
21.     <input name="email" type="email" id="email"><br>
22.   </form>
23.   <div id="buttonDiv">
24.     <button id="salvar">Salvar</button>
25.     <button id="carregar">Carregar</button>
26.     <button id="cancelar">Cancelar dados</button><br>
27.
28.     <button id="salvarString">Salvar JSON</button>
29.     <button id="carregarString">Carregar JSON</button>
30.     <button id="cancelarString">Cancelar JSON</button><br>
31.
32.     <button id="cancelarTudo">Cancelar todos os dados</button>
33.     <br>
34.     <button id="limpar">Limpar o formulário</button>
35.   </div>
36. </body>
37. </html>
```

Na linha 8, estabelecemos um formato maior de linha para dar maior destaque aos elementos da página. Na linha 10, incluímos a biblioteca jQuery mediante CDN. Nas linhas 15-22, criamos um formulário que aceita três informações: nome, sobrenome e e-mail. As linhas 23-35 criam um total de oito botões: os primeiros três para salvar, carregar e cancelar utilizando duplas chave-valor; outros três para salvar, carregar e cancelar utilizando uma *string* Json; outro botão para cancelar todos os dados de uma vez; e o último, para limpar o formulário. A cada botão é associado um *id* que será utilizado no JavaScript para ativar uma ação ao clicar.

JS (SCRIPT.JS)

```
$(function(){
  $('#salvar').on('click', function(){
    nome = $("#nome").val();
    localStorage['nome'] = nome;
```

```
    localStorage['sobrenome'] = $("#sobrenome").val();
    localStorage['email'] = $("#email").val();
  });

  $('#carregar').on('click', function(){
    nome = localStorage.getItem('nome');
    $("#nome").val(nome);

    $("#sobrenome").val(localStorage.getItem('sobrenome'));
    $("#email").val(localStorage.getItem('email'));
  });

  $('#cancelar').on('click', function(){
    localStorage.removeItem('nome');
    localStorage.removeItem('sobrenome');
    localStorage.removeItem('email');
  });

  $('#salvarString').on('click', function(){
    nome = $("#nome").val();
    sobrenome = $("#sobrenome").val();
    email = $("#email").val();

    objeto = {"nome": nome, "sobrenome": sobrenome,
              "email": email};
    localStorage.setItem('stringJson', JSON.stringify(objeto));
  });

  $('#carregarString').on('click', function(){
    stringJson = localStorage.getItem('stringJson');
    objeto = JSON.parse(stringJson);
    $("#nome").val(objeto.nome);
    $("#sobrenome").val(objeto.sobrenome);
    $("#email").val(objeto.email);
  });

  $('#cancelarString').on('click', function(){
    localStorage.removeItem('stringJson');
  });
```

```
44.
45.   $('#cancelarTudo').on('click', function(){
46.     localStorage.clear();
47.   });
48.
49.   $('#limpar').on('click', function(){
50.     $('input').val('');
51.   });
52. });
```

Na linha 1, utilizamos o método jQuery, já visto anteriormente, para carregar o *script* quando o navegador terminar de carregar a página HTML. Nessa *function*, temos todas as ações do clique nos botões criados no HTML. A sintaxe utilizada é:

```
$(seletor).on('click', função);
```

Nas linhas 2-8, definimos o comportamento do botão **salvar**. Na linha 3, salvamos em uma variável o conteúdo da caixa de texto com o *id* nome, e na linha 4 salvamos essa variável no localStorage. As linhas 6 e 7 fazem o mesmo com o sobrenome e o e-mail, em uma única passagem, sem utilizar variáveis de apoio.

Nas linhas 10-16, tem-se o detalhamento da função que permite de carregar os textos do Storage. A operação é oposta à anterior, e os elementos salvos no localStorage são carregados nas caixas de texto do formulário HTML.

Nas linhas 18-20, define-se a ação do botão **cancelar dados**, que elimina todas as duplas chave-valor do localStorage.

A partir da linha 24, tem início o código que utiliza JSON. Os valores contidos nas caixas de texto são memorizados em um objeto JavaScript, em duplas chave-valor. Na linha 30, o objeto é salvo no localStorage depois de ser transformado em *string* com o método JSON.stringify.

Na ação de carregar os dados, na linha 33, recuperamos a *string* JSON do localStorage e utilizamos a função oposta a JSON.stringify, JSON.parse, inversa para transformar a *string* em objeto. Sucessivamente, nas linhas 36-38, cada elemento é designado à própria caixa de texto do formulário.

A linha 42 elimina o elemento string criado no localStorage, e a linha 45 elimina todo o localStorage, utilizando o método clear. Por fim, a linha 50 ocupa-se de limpar todas as caixas de texto do formulário.

É interessante abrir a página do exemplo e, durante a experimentação com o formulário, visualizar no *Inspector* as modificações do objeto localStorage, como no exemplo de Figura 4.7.

4.1.2 SessionStorage

O objeto sessionStorage é utilizado quando pretendemos memorizar alguma informação temporariamente para a duração de uma sessão. Os dados salvos dessa maneira são cancelados quando o usuário fecha a página. O sessionStorage utiliza os mesmos métodos que vimos no início deste capítulo: setItem, getItem, removeItem e clear.

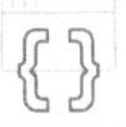

EXEMPLO 4.4

SESSIONSTORAGE ACESSO

Neste exemplo, simulamos uma tela de acesso com os campos **usuário** e **senha**. Consequentemente, essas informações são salvas no sessionStorage. O exemplo é constituído por duas páginas: index.html (Figura 4.8) e pagina2.html (Figura 4.9).

sessionStorage

Nome Usuario

Senha

Acessar

Figura 4.8 Detalhe da página index.html.

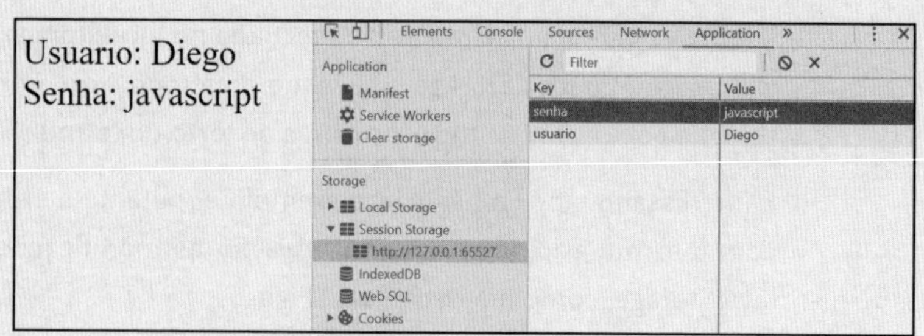

Figura 4.9 Pagina2.html e sessionStorage.

HTML (INDEX.HTML)

```
<!DOCTYPE html>
...
<script type="text/JavaScript">
  $(function(){
    $('#acessar').on('click', function(){
      var usuario = $("#usuario").val();
      var senha = $("#senha").val();

      sessionStorage['usuario'] = usuario;
      sessionStorage['senha'] = senha;

      window.open('pagina2.html','_self');
    });
  });
</script>
</head>
<body>
  <h1>sessionStorage</h1>
  <div id="inputDiv">
    <form>
      <label for="usuario">Nome Usuario</label>
      <input name="usuario" type="text" id="usuario"><br>
      <label for="senha">Senha</label>
      <input name="senha" type="password" id="senha"><br>
    </form>
```

```
34.    </div>
35.    <div id="buttonDiv">
36.      <button id="acessar">Acessar</button>
37.    </div>
38. </body>
39. </html>
```

No corpo do HTML (linhas 25-38), é criado um *form* com dois campos – usuário e senha – e um botão de acesso. Na parte do *script* (linhas 11-23), ao clicar no botão de acesso, os dados das caixas de texto são acessados e salvos no sessionStorage. A linha 20 carrega a página *pagina2.html* na mesma aba do navegador.

HTML (PAGINA2.HTML)

```
 1. <!DOCTYPE html>
 2. <html lang="pt-br">
 3. <head>
 4.   <meta charset="UTF-8">
 5.   <title>Document</title>
 6. </head>
 7. <body>
 8. <script>
 9.   var usuario = sessionStorage.getItem('usuario');
10.   var senha = sessionStorage.getItem('senha');
11.
12.   document.write("Usuario: " + usuario + '<br>' +
            'Senha: ' + senha);
13. </script>
14. </body>
15. </html>
```

Na segunda página, os elementos do sessionStorage (linhas 9 e 10) são recuperados e mostrados no documento (linha 12). Carregando a página *pagina2.html* em outra aba ou depois de fechar e abrir novamente o navegador, podemos notar que o sessionStorage foi já "resetado" e que os campos não estão mais memorizados.

4.2 Salvar dados on-line

Para salvar dados on-line, devemos utilizar uma tecnologia lado do servidor. Nos próximos exemplos, nosso aplicativo vai se comunicar com um servidor no qual está instalado o PHP. Dado que o acesso à página depende de conexão com a internet, o aplicativo não pode ficar na espera de resposta, e por isso o pedido deve ser assíncrono: o JavaScript faz o pedido utilizando a tecnologia AJAX e o aplicativo continua rodando até o servidor responder e ativar uma função de **callback**, que fornece o resultado do pedido. O método, já estudado no Capítulo 3, é o seguinte:

```
$.ajax({
  type: "post ou get",
  url: "url do arquivo que vai elaborar os dados",
  data: dados,
  success: function(resultado){
    // o que fazer no caso de sucesso
  },
  error: function(resultado){
    // o que fazer no caso de erro
  }
});
```

A função AJAX aceita um objeto com cinco campos: *type*, em que indicamos o tipo de passagem de dados - *post* ou *get* (*post* manda os encapsulados - escondidos -, ao passo que *get* manda os dados visíveis, junto com a URL da chamada); *URL*, que indica o arquivo que realizará nosso pedido; *data*, utilizado para enviar os parâmetros necessários para realizar o pedido; *success*, uma função de *callback* chamada quando o pedido foi executado com sucesso; e *error*, uma função de *callback*, que é chamada quando acontece algum erro na execução do pedido.

Exemplo de chamada:

```
$.ajax({
  type: "post",
  url: "salvar.php",
  data: {'nome': 'Marcos', 'pontos': 2540},
  success: function(result){
    alert('Enviado com sucesso!');
  },
  error: function(result){
    alert('Problema no envio!');
  }
});
```

O código envia ao arquivo salvar.php um conjunto de dados (um nome e um valor de pontos), na hipótese de salvar um *record* de um jogo. Quando o servidor responde, ativa a função *success* ou a função *error*, dependendo do êxito da chamada.

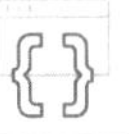

Exemplo 4.5

Salvar dados on-line

Neste exemplo, gravaremos on-line os dados de cadastro de um usuário. Por meio do JavaScript, faremos uma chamada AJAX, passando alguns valores a um arquivo PHP que roda no servidor. Para simplificar, os dados são salvos em um arquivo de texto, mas poderia sem problemas ser utilizado um banco de dados para salvar de maneira mais estruturada.

Figura 4.10 Como se apresenta a tela do programa.

HTML (index.html)

```
1. <!DOCTYPE html>
2. <html>
3. <head>
4. <meta charset="utf-8">
5. <title>Dados On-line</title>
6. <script src="https://code.jquery.com/jquery-3.3.1.min.js">
   </script>
7. <script src="script.js"></script>
8. </head>
9. <body>
10.   <h1>Salvar dados on-line</h1>
11.   <form>
12.     <p>Nome:
13.     <input id="nome" type="text" class='dados'></p>
14.     <p>Sobrenome:
15.     <input id="sobrenome" type="text" class='dados'></p>
16.     <p>Email:
17.     <input id="email" type="email" class='dados'></p>
18.
19.     <input type="button" value="Envia" id="envia">
20.     <input type="button" value="Recupera" id="recupera">
21.     <input type="button" value="Limpa" id="limpa">
22.   </form>
23.   <div id="resultado"></div>
24. </body>
25. </html>
```

No arquivo index.html, é criado um formulário com três campos – nome, sobrenome e e-mail – e três botões para enviar e recuperar os dados e um para limpar o formulário. É criado, também, um *div* vazio de nome "resultado" (linha 23), no qual será indicado o estado do processo.

JS (script.js)

```
$(function(){
  $("#envia").click(function(){
    $('#resultado').text("Enviando...");

    var dados = {
      'nome': $('#nome').val(),
```

```
      'sobrenome': $('#sobrenome').val(),
      'email': $('#email').val()
    };
    console.log(dados);

    $.ajax({
      type: "post",
      url: "http://site.com.br/pasta/salvar.php",
      data: dados,
      success: function(result){
        $('#resultado').text(result);
      },
      error: function(error){
        $('#resultado').text('Erro no envio: ' + error.status);
      }
    });
  });

  $("#recupera").click(function(){
    $('#resultado').text("Recuperando...");
    $.ajax({
      url: "http://site.com.br/pasta/carregar.php",
      success: function(result){
        console.log(result);

        var personObj = JSON.parse(result);

        $('#nome').val(personObj.nome);
        $('#sobrenome').val(personObj.sobrenome);
        $('#email').val(personObj.email);

        $('#resultado').text('Dados recuperados!');
      },
      error: function(error){
          $('#resultado').text('Erro na recuperação: ' + error.status);
      }
    });
  });

  $('#limpa').click(function(){
    $('#resultado').text("");
    $('.dados').val("");
  });
});
```

O arquivo JavaScript contém o código relativo aos botões "Envia", "Recupera" e "Limpa". Sempre que o servidor é consultado para salvar ou recuperar dados, é necessário avisar ao usuário do aplicativo sobre a tentativa de conexão, dado que, dependendo da rede disponível, a operação pode demorar. É sempre bom indicar o estado do sistema para não deixar o usuário na dúvida, pensando que o aplicativo parou de funcionar. Por isso, no caso de envio de dados, na linha 3 indicamos a ação de envio no *div* disponibilizado no HTML. Para passar os dados como uma única entidade, nas linhas 5-9 criamos um objeto que contém as informações presentes nas caixas de texto e mostramos o objeto na console (linha 10). Nas linhas 12-22, é estruturada a chamada assíncrona com o método *$.ajax*. A chamada é de tipo *post* (passando os dados encapsulados e não visíveis), com a indicação da localização do arquivo a ser chamado (*url*), em que são passados os dados anteriormente memorizados e são declaradas duas funções de *callback*: uma no caso de a chamada assíncrona ser bem-sucedida e outra no caso de erro. A função de sucesso (linhas 16-18) recebe como parâmetro o resultado de retorno da chamada do *script* PHP (neste caso, uma mensagem a ser exibida no *div* de resultado). A função de erro (linhas 19-21) recebe um objeto que representa o erro ocorrido durante a chamada, que é visualizado na linha 20.

No caso da recuperação dos dados na linha 27, é chamado outro método AJAX, com indicação do percurso e do arquivo a ser chamado (neste caso carregar.php). Se a chamada assíncrona for bem-sucedida, o arquivo PHP retorna uma *string* (JSON) correspondente a um objeto JavaScript. Utilizamos o método JSON.parse (visto em um exemplo anterior) para reconstruir um objeto e poder inserir os dados nas caixas de texto (linhas 32-36).

A última instrução (linha 46-50) mostra o comportamento do botão "limpar": elimina o conteúdo de todas as caixas de texto – que foram indicadas no HTML com a classe dados – (linha 48) e cancela a mensagem para o usuário (linha 47).

Em seguida, são mostrados os arquivos PHP presentes no servidor, sem muitos detalhes, dado que não é o escopo deste livro.

PHP (SALVAR.PHP)

```
1. <?php
2.    header('Access-Control-Allow-Origin: *');
3.
4.    $out = json_encode($_POST);
5.    $nomefile = 'log.json';
6.    file_put_contents($nomefile, $out);
7.
8.    echo "Os dados foram salvos!";
9. ?>
```

As linhas 1 e 9 apresentam os delimitadores de código PHP. O código PHP presente no servidor tem como objetivo criar uma página web de maneira dinâmica. Todo *output* (por exemplo, a instrução *echo*) é mandado de volta, neste caso, à função AJAX que chamou esse *script*. Na linha 2, indicamos que esse arquivo pode elaborar informações provenientes de qualquer posição. Sem essa instrução, o PHP aceitaria chamadas de parte de páginas provenientes do mesmo site. Na linha 4, encontramos a variável superglobal $_POST, que é um *array* associativo que recebe os dados enviados por uma chamada de tipo *post*. Mediante a função json_encode (que é a correspondente de JSON.stringify em JavaScript), transformamos o array em uma *string* e a salvamos na variável $out (em PHP, toda variável é distinguida pelo símbolo $ na frente). Na linha 5, definimos o nome do arquivo no qual salvaremos os dados, e na linha 6 utilizamos a função *file_put_contents* para efetivamente salvar os dados. Na linha 8, imprimimos uma mensagem de confirmação que, na verdade, será o valor da variável *result* da função *success* da chamada AJAX.

PHP (CARREGAR.PHP)

```
1. <?php
2.    header('Access-Control-Allow-Origin: *');
3.
4.    $nomefile = 'log.json';
5.    $j = file_get_contents($nomefile);
6.    echo $j;
7. ?>
```

Além das instruções vistas no código anterior, na linha 5 temos a função que carrega os dados presentes no arquivo e os manda para a chamada AJAX. Os dados são em formato *string*, mas é o código JavaScript que se preocupa (na linha 32 do arquivo script.js) em transformá-los em dados estruturados para poderem ser visualizados.

Relembrando...

Neste capítulo, abordamos os seguintes temas:

- memorizar dados localmente de maneira permanente;
- utilização de JSON para memorizar um conjunto de dados em um objeto único;
- ferramenta de inspeção do navegador para verificar os dados memorizados;
- memorizar dados de sessão;
- salvar dados on-line assincronicamente.

Vamos praticar?

4.1 Qual é a diferença entre localStorage e sessionStorage?

4.2 Como é possível verificar os dados memorizados com o Storage?

4.3 Para que são utilizadas as funções JSON.stringify e JSON.parse?

4.4 Por que utilizamos AJAX para salvar os dados on-line?

4.5 Qual é a diferença entre as funções localStorage.removeItem() e localStorage.clear()?

4.6 Classifique em verdadeira ou falsa a seguinte afirmação, justificando sua resposta: localStorage e sessionStorage variam somente no modo como os dados são salvos, mas, operacionalmente, têm a mesma interface de funcionamento.

4.7 O que é uma função de *callback*?

4.8 Classifique em verdadeira ou falsa a seguinte afirmação, justificando sua resposta: os arquivos PHP devem encontrar-se no computador cliente, dado que o JavaScript roda no navegador.

Pesquisa complementar

- XML e JSON são utilizados para troca de informações entre aplicações, páginas web e muito mais. Compare as duas tecnologias, destacando as vantagens e desvantagens de ambas.
- O código PHP estudado permite salvar dados em arquivos não estruturados. Pesquise como utilizar PHP para estabelecer uma interface com um banco de dados presente no lado do servidor (por exemplo, mySQL).

CAPÍTULO 5

Bootstrap

Neste capítulo, conheceremos o Bootstrap, um framework para desenvolvimento rápido de interfaces web. Com ele, teremos acesso a modelos predefinidos para a criação de nossos sites, sendo muito fácil criar designs responsivos, ou seja, páginas web que se ajustam automaticamente a outros dispositivos, como celulares, tablets ou desktops.

5.1 O que é o Bootstrap?

O **Bootstrap** é um framework front-end de código aberto para desenvolvimento rápido com tecnologias web. Inclui modelos de design com base em HTML e CSS, formulários, botões, tabelas, barras de navegação e muitos outros elementos. É fácil de utilizar e, para começar, basta ter conhecimentos básicos sobre HTML E CSS. O Bootstrap disponibiliza recursos responsivos que se ajustam a telefones, tablets e desktops na abordagem *mobile-first.*

Figura 5.1 Página inicial do site do Bootstrap.

5.1.1 Diferença entre as versões

A nova versão do Bootstrap (versão 4) é compatível com todos os navegadores modernos (Chrome, Firefox, Internet Explorer 10+, Microsoft Edge, Safari e Opera). Se houver necessidade de suporte a IE 8 e 9, o site recomenda utilizar a versão 3 do framework.

A versão 4 introduz novos componentes, folhas de estilo mais rápidas e um suporte maior à responsividade. Foi eliminado o suporte a ícones, sendo aconselhável apoiar-se em bibliotecas externas, como **Font-Awesome.**[1]

5.1.2 Download e instalação

O Bootstrap fornece elementos predefinidos em CSS e plug-ins JavaScript. Por isso, temos de incluir um arquivo CSS e um arquivo JavaScript em nosso código HTML. Além disso, o Bootstrap utiliza uma versão reduzida do jQuery

1. Disponível em: <https://fontawesome.com>. Acesso em: 17 dez. 2019.

e a biblioteca **Popper**[2] (Figura 5.2), de código aberto. O Bootstrap também permite o uso de um CDN ou fazer download da versão compilada ou do código-fonte.

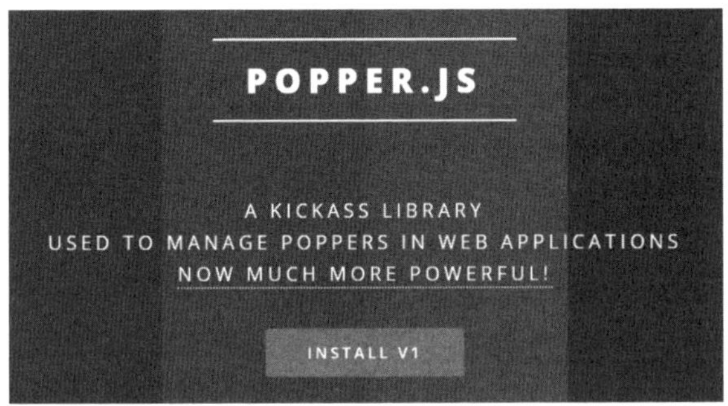

Figura 5.2 Página da biblioteca Popper.js.

5.1.3 Iniciando

O Bootstrap funciona com HTML5 e CSS3 e, por isso, requer a declaração de *doctype* HTML5 no início do documento HTML. Além disso, dado que o Bootstrap foi concebido na perspectiva *mobile-first* (ou seja, o código fica otimizado para dispositivos móveis e escalonável para dispositivos maiores), precisa estabelecer renderização e *touch* adequado a sistemas móveis utilizando o meta *tag viewport*. Consequentemente, no Exemplo 5.1, podemos ver a estrutura-base de um documento HTML que utiliza Bootstrap.

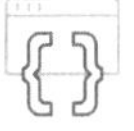

EXEMPLO 5.1

OLÁ, BOOTSTRAP

```
<!DOCTYPE html>
<html lang="pt-br">
<head>
  <meta charset="UTF-8">
  <title>Document</title>

```

2. Disponível em: <https://popper.js.org>. Acesso em: 17 dez. 2019.

```
7.  <meta name="viewport" content="width=device-width,
    user-scalable=no, initial-scale=1.0,
    maximum-scale=1.0, minimum-scale=1.0">
8.
9.    <link rel="stylesheet" href="css/bootstrap.min.css">
10.
11.   <script src="js/jquery.js"></script>
12.   <script src="js/popper.min.js"></script>
13.   <script src="js/bootstrap.min.js"></script>
14. </head>
15. <body>
16.   <h1>Olá, Bootstrap!</h1>
17. </body>
18. </html>
```

Como indicado, na linha 1, definimos o *doctype* HTML5 e, na linha 7, a meta tag *viewport*, para evitar *scrolling* e redimensionamento da página. Na linha 9, incluímos o CSS minificado do Bootstrap e, nas linhas 11-13, incluímos as bibliotecas JavaScript necessárias: jQuery, Popper e Bootstrap, nessa exata ordem. Como podemos notar na Figura 5.3, o Bootstrap altera a fonte-padrão do documento para uma fonte do tipo *Sans Serif*.

Figura 5.3 – Primeiro programa utilizando o Bootstrap.

5.1.4 Breakpoints

O Bootstrap utiliza um conjunto de *media queries* para criar *breakpoints* sensíveis para a criação de layouts e interfaces.

```
// Extra small devices (portrait phones, less than 576px)
// No media query for `xs` since this is the default in Bootstrap

// Small devices (landscape phones, 576px and up)
@media (min-width: 576px) { ... }

// Medium devices (tablets, 768px and up)
@media (min-width: 768px) { ... }

// Large devices (desktops, 992px and up)
@media (min-width: 992px) { ... }

// Extra large devices (large desktops, 1200px and up)
@media (min-width: 1200px) { ... }
```

Figura 5.4 Definição de *breakpoints* para o layout da página.

São definidas diferentes regras CSS para os seguintes tamanhos de tela:

- pequenos (small, a partir de 576 px de largura da tela);
- médios (medium, a partir de 768 px de largura da tela);
- grandes (large, a partir de 992 px de largura da tela);
- extragrandes (extra large, a partir de 1.200 px de largura da tela).

Não há regras específicas para dispositivos extrapequenos (extra small, com menos de 572 px de largura), porque são os dispositivos-padrão suportados por Bootstrap.

Esses *breakpoints* são utilizados autonomamente pelos componentes, adaptando-se ao tamanho da tela.

5.2 Componentes

O Bootstrap disponibiliza uma vasta série de elementos padronizados, chamados componentes, para construir nossas páginas.

5.2.1 Containers

Os containers são elementos básicos de layout. Podemos escolher entre containers de largura fixa e fluida. Para indicar um container, devemos indicar umas das seguintes classes:

```
.container
.container-fluid
```

A largura fixa depende do tamanho da tela do dispositivo, ao passo que a largura fluida ocupa sempre 100% da largura da tela.

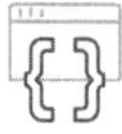

EXEMPLO 5.2

```
<!DOCTYPE html>
<html lang="pt-br">
...
  <style>
    #cont1{
      background-color: darkorange;
      height: 100px;
    }
    #cont2{
      background-color: deepskyblue;
      height: 100px;
    }
  </style>
</head>
<body>
  <h1>Teste containers</h1>
  <div id="cont1" class="container">
    <h2>Container fixo</h2>
  </div>
  <div id="cont2" class="container-fluid">
    <h2>Container fluido</h2>
  </div>
</body>
</html>
```

Containers

Definimos um *div* de classe *container* (linha 27) e outro de classe *container-fluid* (linha 30). O *container* fluido, de cor azul, ocupa sempre 100% da largura da tela, ao passo que o *container* fixo, de cor laranja, ocupa uma dimensão fixa, dependendo da largura da tela (com referência aos *breakpoints* mostrados no item 5.1.4).

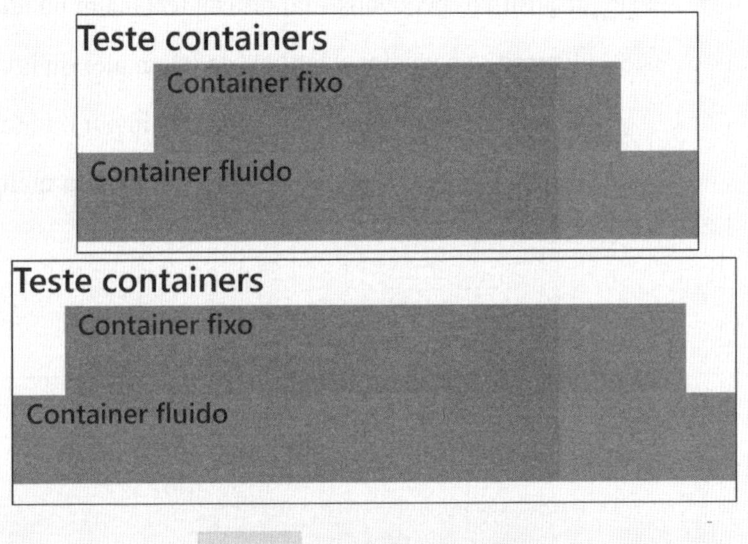

Figura 5.5 *Containers* fixo e fluido em diferentes larguras de página.

5.2.2 Grid System

O *grid system* é um sistema de grades utilizado para alinhar e distribuir o conteúdo na página. É formado por uma série de 12 colunas responsivas com um *padding* de 15 px por lado de cada coluna, com a possibilidade de criar elementos aninhados. O sistema utiliza os elementos *flexbox* de CSS3. As classes interessadas são:

```
.row
.col-breakpoint-numColunas
```

A classe *row* é aplicada em cada linha e, mediante a classe *col*, indicamos o número de colunas que a célula ocupa e, eventualmente, um *breakpoint*, que indica até qual largura de tela as células devem estar em linha. O sistema de grades do Bootstrap 4 disponibiliza cinco *breakpoints*, correspondentes aos *breakpoints* de página:

- `.col-` (dispositivos extra pequenos – largura da tela menor de 576 px);
- `.col-sm-` (dispositivos pequenos – largura da tela maior ou igual a 576 px);
- `.col-md-` (dispositivos médios – largura da tela maior ou igual a 768 px);
- `.col-lg-` (dispositivos grandes- largura da tela maior ou igual a 992 px);
- `.col-xl-` (dispositivos extra grandes – largura da tela maior ou igual a 1.200 px).

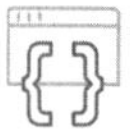

EXEMPLO 5.3

GRID SYSTEM

HTML

```
<div class="container-fluid">
  <h1>Grid System</h1>
  <div class="row">
    <div class="col-2">a</div>
    <div class="col">b</div>
    <div class="col">c</div>
    <div class="col">d</div>
  </div>
  <div class="row">
    <div class="col-sm-4">e</div>
    <div class="col-sm-8">f</div>
  </div>
  <div class="row">
    <div class="col-md-3">g</div>
    <div class="col-md-4">h</div>
    <div class="col-md-5">i</div>
  </div>
</div>
```

A primeira linha de elementos (linhas 3-8) contém quatro células. Seu elemento de *breakpoint*, não sendo especificado, é *xl* (*extra small*), ou seja, as células não se separam, qualquer que seja a resolução da página. A primeira célula ocupa duas colunas, e as subsequentes dividem o espaço que sobra. A segunda linha de elementos (linhas 9-12) contém duas células, uma ocupando quatro colunas, e a outra, oito. Seu elemento de *breakpoint* é *sm* (*small*), ou seja, as células só se separam quando o tamanho da tela for menor que 576 px. A terceira linha de elementos (linhas 13-17) contém três células, cada uma ocupando um número de colunas diferentes. O elemento de *breakpoint* é *md* (*medium*), ou seja, as células separam-se quando a tela for menor que 768 px.

CSS

```
 1. .row{
 2.   font-weight: bold;
 3.   text-align: center;
 4. }
 5. .row:nth-of-type(1){
 6.   background-color: lightgoldenrodyellow;
 7. }
 8. .row:nth-of-type(2){
 9.   background-color: orangered;
10. }
11. .row:nth-of-type(3){
12.   background-color: lightseagreen;
13. }
14. div[class^='col']{
15.   border:1px solid;
16. }
```

Para formatar os elementos, indicamos uma cor diferente para cada linha de elementos (linhas 5, 8 e 11). Definimos, também, que cada célula tenha uma borda de 1 px (linhas 14-16). Na Figura 5.6, vemos a página com diferentes dimensões de tela e o consequente comportamento da grade.

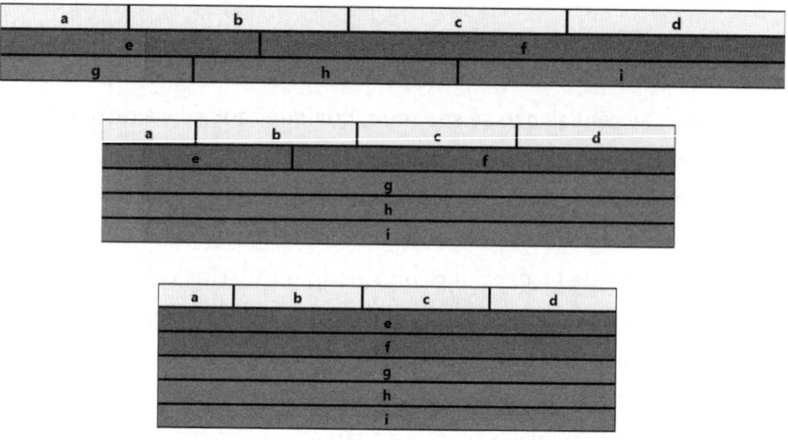

Figura 5.6 Sistema de grades com diferentes resoluções de tela.

5.2.3 Cores contextuais

O Bootstrap fornece um conjunto de cores chamadas **cores contextuais**. Cada cor representa um tipo específico de mensagem (Quadro 5.1). A classe utilizada é:

```
.text-contexto
```

Quadro 5.1 – Algumas classes de cores contextuais

Contexto	Cor	Classe
importante	azul	.text-primary
sucesso	verde	.text-success
informação	azul claro	.text-info
aviso	amarelo	.text-warning
perigo	vermelho	.text-danger
secundário	cinza	.text-secondary
	branco	.text-light
	preto	.text-dark

Podemos utilizar as mesmas cores como cor de fundo utilizando a classe:

```
.bg-contexto
```

Caso tenhamos interesse em colocar um link, podemos utilizar a classe:

```
.alert-link
```

Essa classe fornece um texto da mesma cor, porém, em negrito.

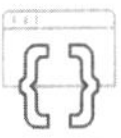

EXEMPLO 5.4

CORES CONTEXTUAIS

```
<h1>Cores contextuais</h1>
<table>
  <tr
    <td><span class="text-primary">Importante</span></td>
    <td><span class="text-success">Sucesso</span></td>
    <td><span class="text-info">Informação</span></td>
    <td><span class="text-warning">Aviso</span></td>
    <td><span class="text-danger">Perigo</span></td>
   <td><span class="text-secondary">Secundário</span></td>
  </tr>
  <tr>
   <td><span class="bg-primary">Fundo importante</span></td>
    <td><span class="bg-success">Fundo sucesso</span></td>
    <td><span class="bg-info">Fundo informação</span></td>
    <td><span class="bg-warning">Fundo aviso</span></td>
    <td><span class="bg-danger">Fundo perigo</span></td>
   <td><span class="bg-secondary">Fundo secundário</span></td>
  </tr>
  <tr>
    <td><a href="" class="alert-link">
      Link importante</a></td>
    <td><a href="" class="text-success alert-link">
      Link sucesso</a></td>
    <td><a href="" class="text-info alert-link">
      Link informação</a></td>
    <td><a href="" class="text-warning alert-link">
      Link aviso</a></td>
    <td><a href="" class="text-danger alert-link">
      Link perigo</a></td>
    <td><a href="" class="text-secondary alert-link">
      Link secundário</a></td>
  </tr>
```

Na primeira linha da tabela, mostramos os exemplos de algumas classes Bootstrap que mudam a cor do texto (linhas 4-9). Nas linhas 12-17, mostramos as cores de fundo, e nas linhas 20-25 mostramos como se evidencia um link, utilizando as cores contextuais.

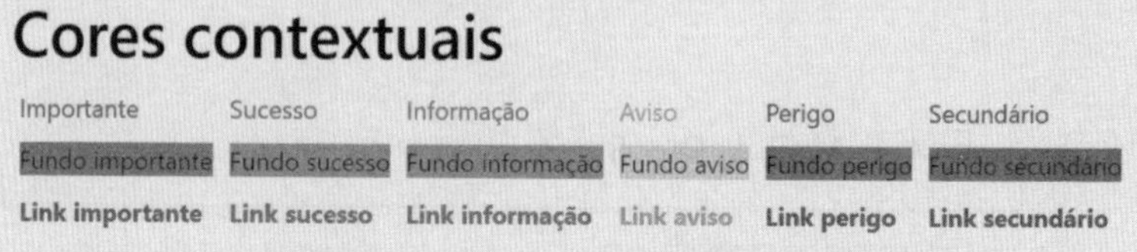

Cores contextuais

Importante Sucesso Informação Aviso Perigo Secundário

Fundo importante Fundo sucesso Fundo informação Fundo aviso Fundo perigo Fundo secundário

Link importante Link sucesso Link informação Link aviso Link perigo Link secundário

Figura 5.7 Sistema de cores do Bootstrap.

5.2.4 Alerts

Um *alert* é um componente utilizado para a criação de mensagens de aviso predefinidas, que podem ser acompanhadas com um botão para dispensar. As classes utilizadas são:

```
.alert
```

que indica que o elemento é um *alert*,

```
.alert-contexto
```

que estabelece a cor contextual do *alert*, e

```
.alert-link
```

para indicar um link dentro de um *alert*.

Outras classes são utilizadas no caso de *alert* com botão para dispensar, e serão analisadas nos comentários do exemplo a seguir.

Exemplo 5.5

Alerts

```
1. <h1>Alerts</h1>
2.
3. <div class="alert alert-info">
4.   Alert simples com
5.   <a href="#" class="text-info alert-link">link</a>!
6. </div>
7.
8. <div class="alert alert-danger alert-dismissible fade show">
9.   Alert com botão para dispensar
10.  <button type="button" class="close" data-dismiss="alert">
11.    <span>&times;</span>
12.  </button>
13. </div>
```

Nas linhas 3-5, criamos um *alert* simples de cor verde (*alert-info*) com um texto de link (linha 5, *alert-link*). Nas linhas 8-13, criamos um *alert* de perigo, contendo um botão para fechá-lo. Vale notar que o *alert* contém as classes *alert-dismissible*, *fade* e *show*, para indicar que pode ser fechado com um efeito de desvanecer. Dentro do *alert*, criamos um botão de classe *close*, utilizando o símbolo x, especificando uma entidade HTML (*×*).

Figura 5.8 *Alert* simples e *alert* com botão para dispensar.

5.2.5 Button e badges

O elemento HTML para criar botões é *button*, mas o Bootstrap fornece algumas classes para redefini-los.

```
.btn
```

especifica que o elemento é um botão

```
.btn-contexto
```

indica a cor contextual do botão

```
.btn-outline-contexto
```

especifica que o botão será branco e com o contorno colorido

```
.btn-lg
```

modificador de tamanho *large* (grande)

```
.btn-sm
```

modificador de tamanho *small* (pequeno)

```
.btn-block
```

modificador de botão de tipo bloco (ocupando toda a largura da página)

```
.btn-group
```

classe que indica um grupo de botões, para ser utilizado com um elemento *div*.

O Bootstrap disponibiliza os *badges* (crachás), que são pequenas etiquetas que adicionam informação a um elemento. Nesse caso, estes serão utilizados com um elemento *span* dentro de botões. As classes para declará-los são:

```
.badge
```

para definir um crachá e

```
.badge-contexto
```

para definir a cor contextual.

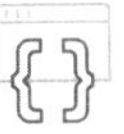

Exemplo 5.6

Botões e crachás

Neste exemplo, criaremos uma série de botões para testar as classes estudadas. Criaremos também um grupo de botões e um botão com crachá.

```
<h1>Button e badges</h1>

<button class="btn btn-warning">Botão</button>
<button class="btn btn-outline-warning">Botão com contorno</button>
<button class="btn btn-info btn-lg">Botão grande</button>
<button class="btn btn-info btn-sm">Botão pequeno</button>
<button class="btn btn-info" disabled>Botão desativado</button>
<br><br>

<button class="btn btn-primary btn-block">Botão de bloco</button>
<br><br>

<button type="button" class="btn btn-primary">
 Botão com crachá <span class="badge badge-light">4</span>
</button>

<div class="btn-group">
 <button type="button" class="btn btn-info">Grupo</button>
 <button type="button" class="btn btn-warning">de</button>
 <button type="button" class="btn btn-danger">botões</button>
</div>
```

Na linha 3, definimos um botão de tipo *warning* (de cor amarela) e, na linha 4, um botão de tipo *warning* de cor branca, com o contorno colorido. Nas linhas 5-7, temos três botões de tipo *info* de tamanhos diferentes (grande, pequeno e médio). O último botão é desativado, por isso a cor dele fica automaticamente mais clara. Em seguida (linha 10), temos um botão de tipo *primary* definido como botão de bloco (ocupando a linha toda). Nas linhas 13-15, é criado um botão com crachá interno e, nas linhas 17-21, é definido um *div* de agrupamento de botões, com três botões diferentes.

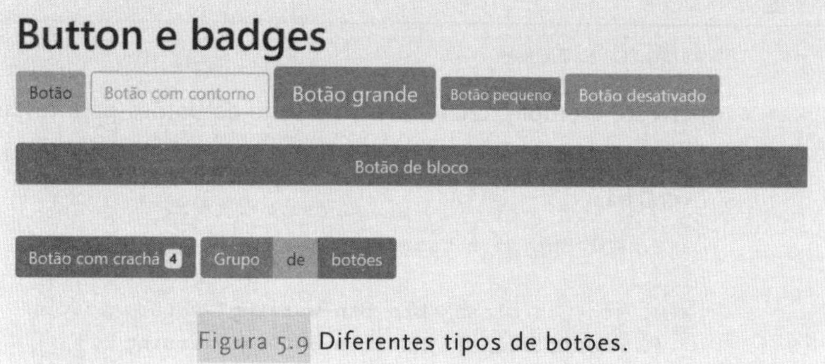

Figura 5.9 Diferentes tipos de botões.

5.2.6 Navbars

Um app é sempre acompanhado de uma barra de navegação (*navbar*), que é uma seção da interface gráfica que ajuda os usuários a acessar as informações. O Bootstrap permite a criação de uma *navbar* simples, com título e logo, e uma *navbar* com menu responsivo. As principais classes são:

```
.navbar
```

classe principal para a criação de uma *navbar*,

```
.navbar-dark  .navbar-light
```

definem o estilo da *navbar* (claro ou escuro),

```
.fixed-top
```

indica que a *navbar* fica no topo da página (em caso de *scrolling* da página, ele fica fixo) e

```
.navbar-brand
```

indica um elemento de logo da *navbar*.

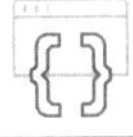

Exemplo 5.7

Navbar Simples

```
1. <nav class="navbar bg-dark navbar-dark fixed-top">
2.   <a class="navbar-brand" href="#">
3.     <img src="img/shoppingBag.png" width="35"> Título do APP
4.   </a>
5. </nav>
```

A estrutura da *navbar* está dentro de um elemento *nav* (linha 1), que contém um link de classe *navbar-brand*, seguido de uma imagem e do título do app (linhas 3 e 4).

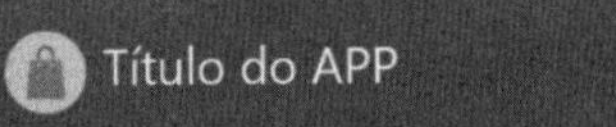

Figura 5.10 *Navbar* com logo e título.

Para construir uma *navbar*, responsiva precisamos de outras classes que o Bootstrap disponibiliza. Com

```
.navbar-expand-md  .navbar-expand-sm
```

decidimos o *breakpoint* de responsividade (*medium* e *small*),

```
.navbar-toggler
.navbar-toggler-icon
```

referenciam o botão de menu (botão e imagem),

```
.collapse
.navbar-collapse
```

são utilizadas para indicar que o menu vai colapsar e

```
.navbar-nav
.nav-item
.nav-link
```

referenciam o grupo de elementos do menu, o único elemento e seu link.

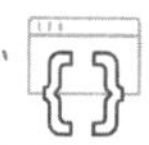

EXEMPLO 5.8

NAVBAR RESPONSIVA

```
<nav class="navbar navbar-expand-md bg-dark
    navbar-dark fixed-top">
  <a class="navbar-brand" href="#">
    <img src="img/shoppingBag.png" width="35"> Título do APP
  </a>

  <!-- Botão menu -->
  <button class="navbar-toggler" type="button"
      data-toggle="collapse" data-target="#collapsibleNavbar">
    <span class="navbar-toggler-icon"></span>
  </button>

  <!-- Navbar links -->
  <div class="collapse navbar-collapse" id="collapsibleNavbar">
    <ul class="navbar-nav">
      <li class="nav-item">
        <a class="nav-link" href="#">Opção 1</a>
      </li>
      <li class="nav-item">
        <a class="nav-link" href="#">Opção 2</a>
      </li>
    </ul>
  </div>
</nav>
```

Nas linhas 1-4, encontramos os mesmos elementos da *navbar* simples, exceto a declaração de valor de *breakpoint*, na linha 1. Dentro do *nav*, são incluídos outros dois blocos: linhas 6-9, que declaram o botão do menu, e linhas 11-21, que declaram os *links* da *navbar*. O botão de menu é um elemento *button* de classe *navbar-toggler*, com a declaração de ser um elemento de tipo *collapse* e a referência ao elemento de *id collapsible-Navbar* (a lista de itens de linha 12). A imagem do botão é feita mediante um elemento *span* de classe *navbar-toggle-icon* (linha 8). Os links da *navbar* estão dentro de um *div* e são elementos de lista (nav-item) com links de classe *nav-link* (linhas 15 e 18).

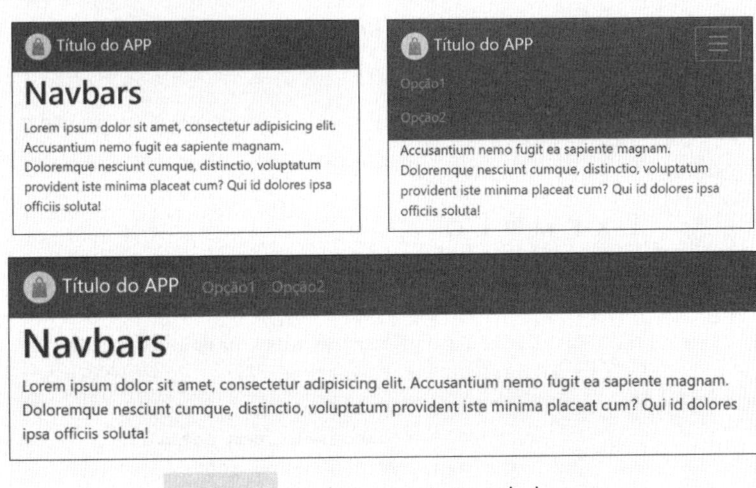

Figura 5.11 Navbar em páginas de largura diferente e uso do botão de menu.

5.2.7 *Carousel*

O *carousel* é um componente de apresentação de slides para percorrer elementos que sejam imagens ou slides de texto. A estrutura é formada por uma caixa principal de classe

```
.carousel
```

que contém três elementos: uma caixa interna de classe

```
.carousel-inner
```

e dois links aos botões para avançar e retroceder na apresentação

```
.carousel-control-prev  .carousel-control-next
```

No *carousel-inner*, temos elementos de classe

```
.carousel-item
```

cada qual contendo uma imagem. Os botões da apresentação são renderizados mediante um elemento *span* de classe

`.carousel-control-prev-icon` e `.carousel-control-next-icon`

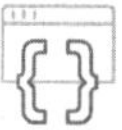

Exemplo 5.9

Carousel

```
<div id="carouselEx" class="carousel slide"
  data-ride="carousel">
  <div class="carousel-inner">
    <div class="carousel-item active">
      <img class="d-block w-100" src="img/landscape.jpg">
    </div>
    <div class="carousel-item">
      <img class="d-block w-100" src="img/treeroad.jpg">
    </div>
    <div class="carousel-item">
      <img class="d-block w-100" src="img/valley.jpg">
    </div>
  </div>
  <a class="carousel-control-prev" href="#carouselEx"
    role="button" data-slide="prev">
    <span class="carousel-control-prev-icon"
      aria-hidden="true"></span>
    <span class="sr-only">Previous</span>
  </a>
  <a class="carousel-control-next" href="#carouselEx"
    role="button" data-slide="next">
    <span class="carousel-control-next-icon"
      aria-hidden="true"></span>
```

```
        <span class="sr-only">Next</span>
    </a>
</div>
```

Timothy S. Allen/Getty Images

Figura 5.12 Renderização do carousel.

5.3 Reunindo os elementos

Para concluir este capítulo, veremos um exemplo que reúne alguns elementos vistos anteriormente.

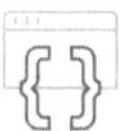

Exemplo 5.10

Lista de compras

Neste exemplo, construiremos uma lista de compras com a possibilidade de inserir produtos e memorizá-los com prioridade alta (primeiros na lista, de cor vermelho), média (no centro, cor laranja) e baixa (no fundo da lista, de cor amarelo). Para eliminar o produto, basta tocar o elemento na lista (Figura 5.13).

HTML

```
<nav class="navbar navbar-expand-md bg-dark navbar-dark
   fixed-top">
  <a class="navbar-brand" href="#">
    <img src="img/shoppingBag.png"> Lista de compras
  </a>

  <button class="navbar-toggler" type="button"
    data-toggle="collapse" data-target="#collapsibleNavbar">
    <span class="navbar-toggler-icon"></span>
  </button>

  <div class="collapse navbar-collapse" id="collapsibleNavbar">
    <ul class="navbar-nav">
      <li class="nav-item">
        <a id="info" class="nav-link" href="#">Instruções</a>
      </li>
      <li class="nav-item">
        <a id="clear" class="nav-link" href="#">Cancelar
          tudo</a>
      </li>
    </ul>
  </div>
</nav>

<div class="container-fluid">
  <main>
    <div id='alert' class="alert alert-info alert-dismissible
       fade collapse" role="alert">
      <strong>Instruções:</strong> Inserir o produto e
       pressionar um botão (+) para adicionar. Prioridade:
       vermelho - alta, laranja - media, amarelo - baixa.
      <button type="button" class="close" aria-label="Close">
        <span aria-hidden="true">&times;</span>
      </button>
    </div>
    <div id='listas'>
      <ul class="p1">
        <li>Primeiro item</li>
        <li>Segundo item</li>
      </ul>
```

```
36.       <ul class="p2">
37.         <li>Primeiro item</li>
38.         <li>Segundo item</li>
39.       </ul>
40.       <ul class="p3">
41.         <li>Primeiro item</li>
42.         <li>Segundo item</li>
43.       </ul>
44.     </div>
45.   </main>
46.
47.   <footer class="text-center">
48.     <input type="text" class="form-control" placeholder="Inserir produto">
49.
50.     <div class="btn-group">
51.       <button type="button" class="btn btn-lg p1">+</button>
52.       <button type="button" class="btn btn-lg p2">+</button>
53.       <button type="button" class="btn btn-lg p3">+</button>
54.     </div>
55.   </footer>
56. </div>
57. <script src="js/script.js"></script>
```

Dado que esse exemplo junta elementos já estudados, veremos como eles são utilizados em conjunto.

Nas linhas 1-21, declaramos uma *navbar* mediante o elemento *nav*. A *navbar* tem dois itens: Instruções (linha 13) – para mostrar as instruções do app – e Cancelar tudo (linha 16) – para limpar a lista de compras. Nas linhas 25-30, é criado um *alert* com as instruções do app (chamada pela primeira escolha de menu). As linhas 31-44 contêm um *div* com três tipos de listas, que são as três listas de prioridades, indicadas pelas classes p1, p2 e p3 (que também dão a cor aos itens). No *footer* (linhas 47-55), colocamos a caixa de entrada para inserir o novo produto e um *button group* com os três botões para adicionar o produto na lista de prioridades correspondente.

CSS

```
1. body { padding-top: 90px; }
2.
3. nav img{ width: 25px; }
4.
5. input, .btn-group{ margin-top: 10px; }
6.
7. ul{
8.   list-style-type: none;
9.   padding: 0;margin: 0;
10. }
11. #listas{
12.   border-radius:10px;
13.   overflow:hidden;
14. }
15. li{
16.   padding: 10px 20px;
17.   border-bottom: 1px solid rgba(0,0,0,.1);
18. }
19.
20. .btn-group button{ padding: 15px 25px !important;}
21.
22. .p1{background-color: red !important;}
23. .p2{background-color: orange  !important;}
24. .p3{background-color: yellow  !important;}
```

Na linha 1 do CSS, colocamos 90 px no topo do documento para deixar o espaço da barra de navegação. Na linha 3, estabelecemos o tamanho da imagem da barra de navegação. Da linha 7 até a linha 18, temos uma série de regras para formatar as listas (principalmente de espaçamento). Nas linhas 20-24, vemos como modificar os valores predefinidos dos elementos de Bootstrap. Dado que os elementos têm já uma definição própria de cores, por exemplo, a cor de fundo, devemos utilizar a cláusula CSS *!important* para formatar esses elementos com nossas escolhas.

JavaScript

```
$('button').on('click', function(){
  el = $('input').val();
  if(el!==''){
    if($(this).hasClass('p1'))
```

```
 5.       cl='p1';
 6.     else if($(this).hasClass('p2'))
 7.       cl='p2';
 8.     else if($(this).hasClass('p3'))
 9.       cl='p3';
10.
11.     $('ul.'+ cl).append("<li>"+ el +"</li>");
12.     $('input').val('');
13.   }
14. });
15.
16. $('#listas ul').on('click','li',function(){
17.   $(this).slideUp(200, function(){
18.     $(this).remove();
19.   });
20. });
21.
22. $('#clear').on('click',function(){
23.   $('#listas li').slideUp(200, function(){
24.     $(this).remove();
25.   });
26.   $('#collapsibleNavbar').collapse('hide');
27. });
28.
29. $('#info').on('click',function(){
30.   $('#alert').addClass('show');
31.   $('#collapsibleNavbar').collapse('hide');
32. });
33.
34. $('#alert button').on('click',function(){
35.   $('#alert').removeClass('show');
36. });
```

As linhas 1-14 do arquivo JavaScript gerenciam a pressão dos botões para adicionar um produto. A linha 2 captura o conteúdo da caixa de texto e a linha 3 verifica se o usuário inseriu algum valor. Nesse caso, verifica-se qual classe tem o botão pressionado (p1 ou p2 ou p3) para, na linha 11, inserir o produto na lista apropriada. Na linha 12, limpamos a caixa de texto.

Nas linhas 16-20, verificamos se um elemento da lista foi pressionado. Em caso positivo, efetuamos uma breve animação de *slide-up* (linha 17) para, depois, cancelar o elemento (linha 18).

As linhas 22-27 ocupam-se do clique no item de menu Cancelar tudo. Uma vez verificado o clique, todos os itens são eliminados tal como no parágrafo anterior (animação e eliminação). Além disso, a linha 26 fecha a *navbar*.

As linhas 29-32 mostram o *alert* com as instruções quando o usuário clicar no segundo item do menu. O *alert* é mostrado (linha 30) e a *navbar* é fechada.

As linhas 34-36 gerenciam o fechamento do *alert*, removendo a classe *show* do elemento.

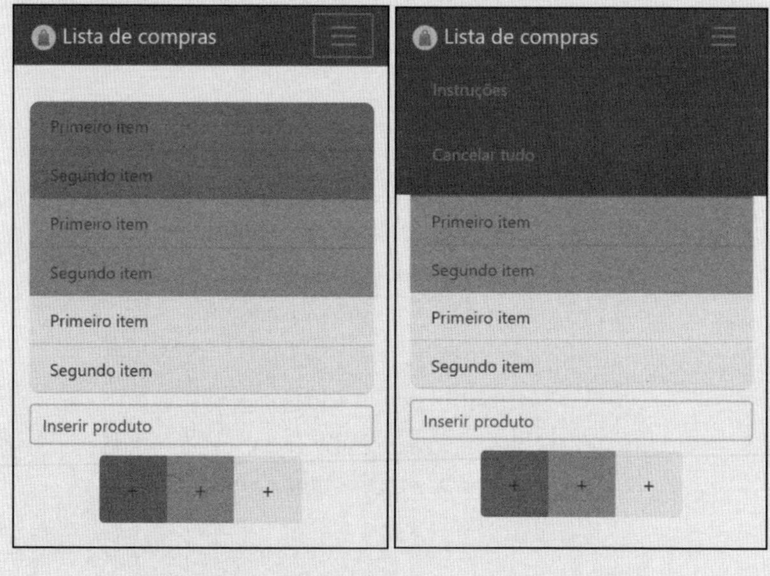

Figura 5.13 O app de lista de compras.

Esse exemplo pode ser utilizado na visualização normal de um navegador (em que a interface aparecerá muito grande), ou na visualização *mobile*, simulando um dispositivo portátil.

RELEMBRANDO...

Neste capítulo, abordamos os seguintes temas:

- instalação do Bootstrap;
- o conceito de breakpoints;
- como definir um layout fixo e fluido;
- o sistema de grades;
- as cores contextuais;
- como criar um alert;
- botões e crachás;
- barras de navegação;
- o componente carousel.

VAMOS PRATICAR?

5.1 O que são os *breakpoints* e para que são utilizados?

5.2 Considere os seguintes trechos de código:

```
<div id="cont1" class="container"> … </div>

<div id="cont2" class="container-fluid"> … </div>
```

Um *div* representa um *container* de largura fixa, e o outro, um *container* de largura fluida. O *container* de largura fixa terá sempre a mesma largura em pixel ou porcentagem? O *container* de largura fluida terá sempre a mesma largura em pixel ou porcentagem?

5.3 Avalie como verdadeira ou falsa a seguinte afirmação, justificando sua resposta: o Bootstrap disponibiliza uma série de cores que podem ser utilizadas segundo a preferência do programador.

5.4 O que indica a seguinte linha de código?

```
<div class = "alert alert-danger">
```

5.5 O que indica a classe *navbar-brand*?

5.6 Considere o seguinte trecho de código:

```
<div class="row">
  <div class="col-4">a</div>
  <div class="col">b</div>
  <div class="col">c</div>
  <div class="col-2">d</div>
</div>
```

Quantas colunas ocupa a célula com o texto "b" em seu interior?

5.7 Qual é o sentido de colocar um crachá dentro de um botão?

PESQUISA COMPLEMENTAR

- O Bootstrap fornece alguns componentes padronizadas: *Album*, *Pricing*, *Checkout* e *Product*. Pesquise sobre eles e implemente-os em algum app.
- Pesquise sobre outras classes que organizem de maneira diferente as células no sistema de grades.
- Um *carousel* pode conter indicadores, títulos internos e animação com efeito *fade*. Pesquise, no site do Bootstrap, como implementar essas características.

CAPÍTULO 6

Simulação de Dispositivos Móveis e Phonegap

Neste capítulo, veremos como utilizar o painel de inspeção dos navegadores e o programa PhoneGap para verificar o comportamento de nosso app. Veremos também como utilizar o PhoneGap Build para criar a versão a ser instalada diretamente nos dispositivos móveis.

6.1 A simulação de dispositivos móveis

Para simular um app criado para um dispositivo móvel, podemos utilizar a funcionalidade de inspeção dos navegadores, estudada no Capítulo 4. Faremos isso com o app criado no Capítulo 5 – lista de compras (Figura 6.1).

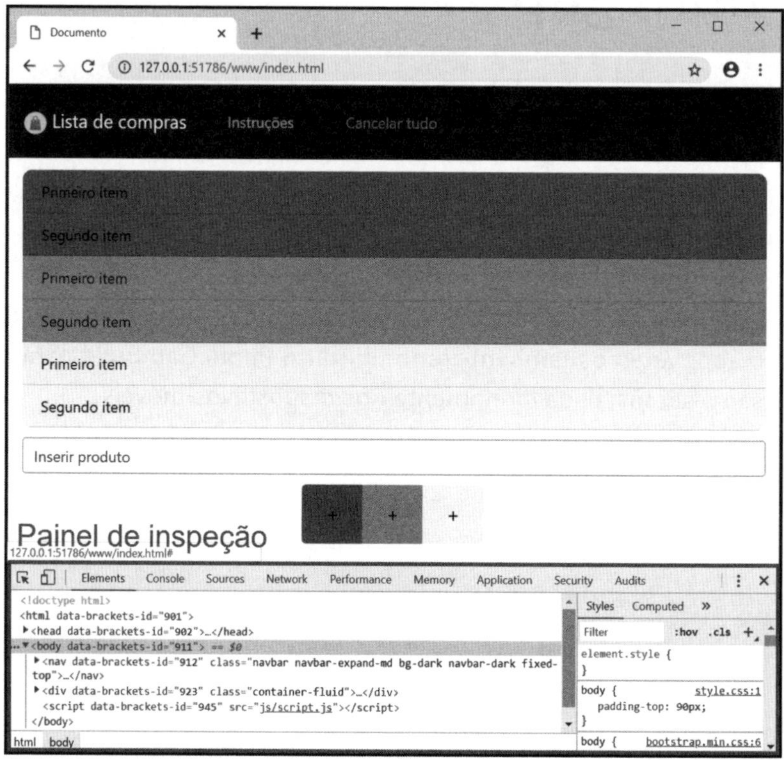

Figura 6.1 Painel de inspeção do navegador Google Chrome.

No painel de inspeção (que podemos abrir com a tecla F12 ou com a combinação CTRL + SHIFT + I), além de poder acessar o console JavaScript e visualizar os erros do programa, temos a possibilidade de simular um dispositivo diferente de um computador desktop. Na parte superior do painel, há um botão que permite simular um dispositivo móvel (Figura 6.2).

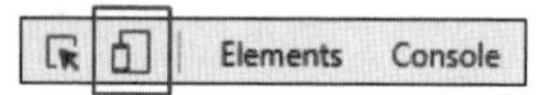

Figura 6.2 Botão de simulação de dispositivo móvel.

Ao clicar nesse botão, a página web muda de dimensão e mostra novos elementos: dispositivo, tamanho, percentual e rotação (Figura 6.3).

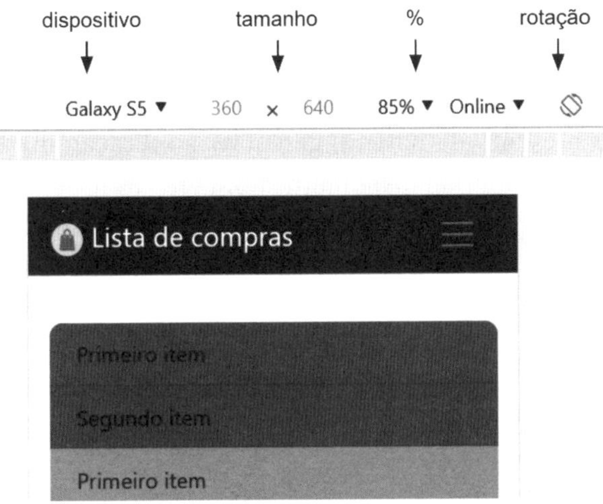

Figura 6.3 Elementos da tela de simulação de dispositivo móvel.

A opção **dispositivo** permite escolher um dispositivo predefinido (Galaxy S10, iPhone 8, iPad, entre outros) ou definir o padrão para um novo dispositivo, indicando nome, resolução, *pixel ratio* e a tipologia (desktop, desktop touch, mobile, mobile touch).

A opção **tamanho** mostra a resolução do dispositivo escolhido. Se estabelecermos o dispositivo como responsivo, podemos escolher o tamanho da tela clicando nos tamanhos disponíveis. Essa opção, por exemplo, pode ajudar a testar os *breakpoints* do Bootstrap (na Figura 6.1, note os links da barra de menu, que se tornam um menu com botão na Figura 6.3). A opção **percentual** permite aumentar ou diminuir a apresentação da tela, dependendo da necessidade.

Rotação permite alternar entre a configuração *portrait* (retrato, com o lado maior em vertical) e *landscape* (paisagem, com o lado maior em horizontal). Nesse modo, podemos ver como nosso app ficaria em diferentes dispositivos.

Sugere-se testar na maior quantidade possível de dispositivos físicos, ainda que o teste em um dispositivo virtual já lhe ajude a prever possíveis problemas.

O painel de inspeção tem outros recursos relativos à simulação de sensores com geolocalização e acelerômetro, que veremos no Capítulo 7.

6.2 PhoneGap

O **PhoneGap** auxilia no desenvolvimento de apps criados em HTML5, CSS3 e JavaScript. Com o desenvolvimento das versões de JavaScript, as funcionalidades dos aparelhos móveis são acessíveis diretamente da linguagem de programação. No caso de algumas funcionalidades ainda não disponíveis, como verificar o estado da bateria, gerenciar a vibração do dispositivo e assim por diante, o PhoneGap disponibiliza bibliotecas *ad-hoc* para acessar tais elementos. Outro motivo para utilizar o PhoneGap é a possibilidade de testar os apps criados diretamente no celular para, por exemplo, testar diretamente os valores do acelerômetro, verificar a posição geolocalizada e testar o toco na tela do dispositivo.

6.2.1 Instalação e teste

A instalação do PhoneGap é dividida em dois passos: é preciso instalar um aplicativo no computador e um aplicativo no celular. Uma vez que os dois aplicativos estejam instalados, o aplicativo no computador funciona como servidor e envia diretamente o app programado no aplicativo do celular. É importante notar que, para o processo funcionar, o computador desktop e o dispositivo móvel devem estar conectados à mesma rede.

Agora, veremos os passos para efetuar a instalação. Visite o site do PhoneGap[1] e clique no botão START NOW (Figura 6.4).

Figura 6.4 Página principal do site do Adobe PhoneGap.

1. Disponível em: <http://phonegap.com>. Acesso em: 17 dez. 2019.

Seremos direcionados a uma página de instalação dividida em passos. O passo 1 é baixar e instalar a versão desktop do app (Figura 6.5). Além de o site disponibilizar as versões Mac e Windows, é possível também utilizar PhoneGap para Linux[2].

1 Install our desktop app

Download and install our new PhoneGap Desktop app, which is currently in beta. If you want more detailed instructions on how to install and use the app, follow the full guide in our documentation.

Figura 6.5 Primeiro passo: instalação no desktop (site PhoneGap).

Uma vez instalado o aplicativo no desktop, é preciso procurar, na loja de aplicativos de seu celular, o app PhoneGap e instalá-lo no dispositivo (Figura 6.6).

2 Install our mobile app

The PhoneGap Developer app is available for multiple platforms, and will get you running your PhoneGap project on your mobile device without code-signing or compiling.

You will pair this mobile app to the desktop app in step 4 to preview your new app.

Due to Apple guidelines, the PhoneGap Developer App has been removed from the iOS App Store. New users will be unable to download. No impact to Android or Windows versions.

Figura 6.6 Segundo passo: instalação do PhoneGap no celular (site PhoneGap).

Uma vez concluído o segundo passo, executaremos o aplicativo no desktop. A tela apresenta-se como na Figura 6.7. Selecionamos o botão + para criar um projeto no PhoneGap.

2. Existem muitos tutoriais sobre como fazer isso. Aconselhamos a utilização deste tutorial: <https://dasunhegoda.com/installrun-phonegap-ubuntu/>. Acesso em: 17 dez. 2019.

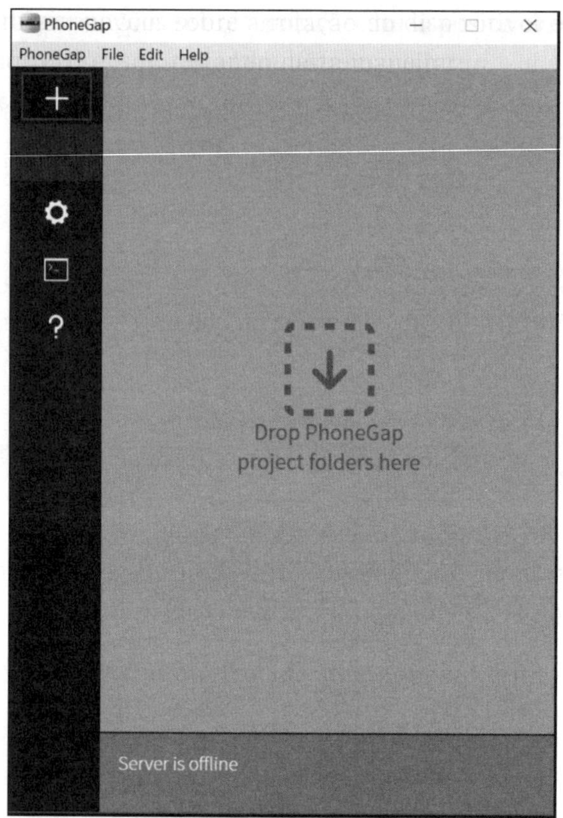

Figura 6.7 Tela principal do PhoneGap para desktop.

Surge uma primeira tela de configuração na qual devemos escolher o modelo de nosso app. Para testar seu funcionamento, podemos escolher *"Hello World"* e passar para a próxima tela (Figura 6.8). Na segunda tela de configuração, devemos escolher o percurso de nosso app, o nome e, eventualmente, um *id* opcional (caso desejemos carregar nosso app nas lojas on-line). Em seguida, devemos clicar em *"Create project"*.

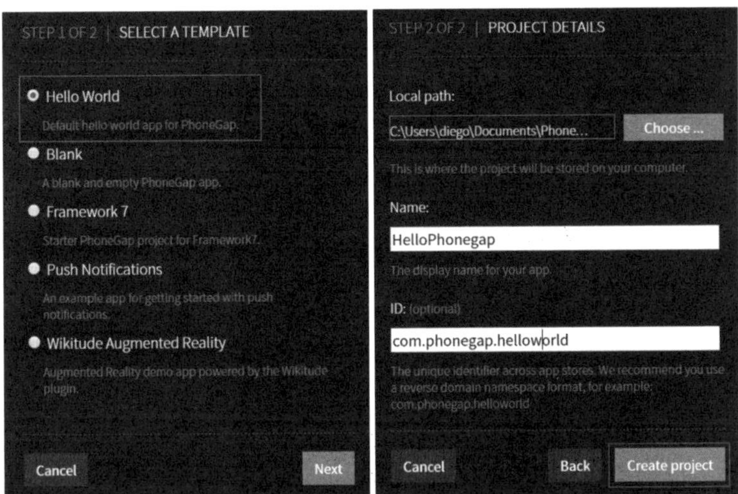

Figura 6.8 Opções do projeto.

Agora, o projeto aparece em execução (Figura 6.9) e, embaixo, na barra verde, podemos encontrar a indicação do servidor em execução com o respectivo endereço IP.

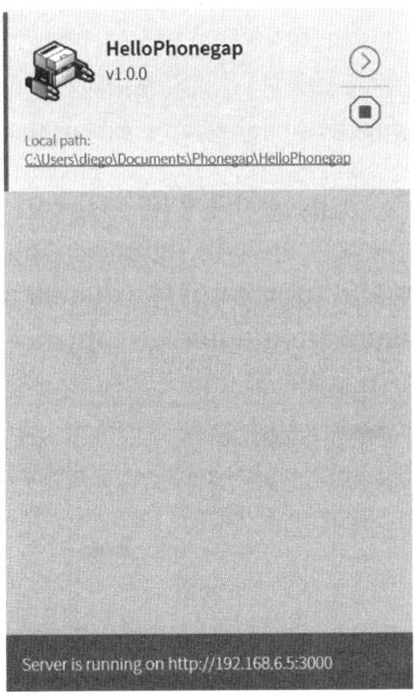

Figura 6.9 Projeto criado, com indicação do endereço IP do servidor.

Agora, devemos executar o aplicativo PhoneGap no celular. O aplicativo solicita o endereço do servidor (Figura 6.10a). Inserindo o endereço IP indicado pelo programa desktop, o PhoneGap roda o app de exemplo que criamos (Figura 6.10b).

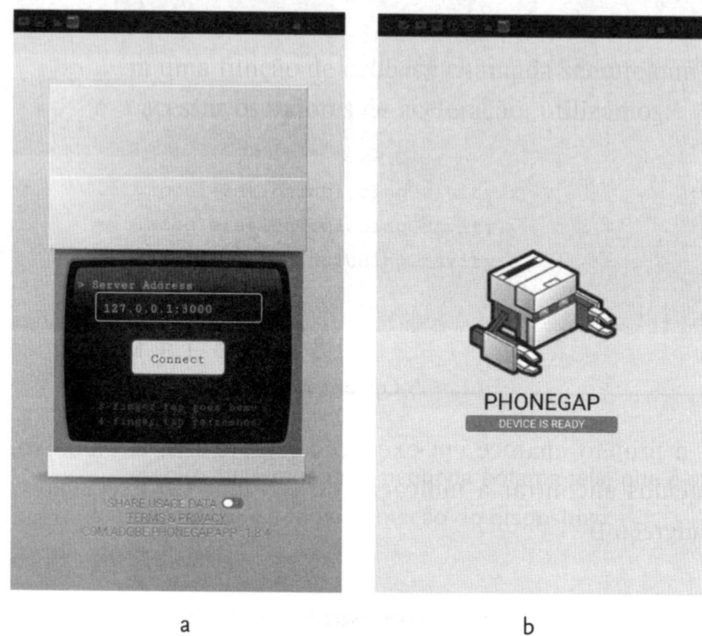

Figura 6.10 Tela do aplicativo PhoneGap e execução do Hello "Phonegap".

Agora, basta encontrar a pasta na qual criamos a demo e, então, podemos substituir os arquivos com aqueles de nosso app. Como padrão, na pasta "Documentos", o PhoneGap cria uma pasta chamada "PhoneGap", dentro da qual é criada uma subpasta com o nome do projeto (Figura 6.11).

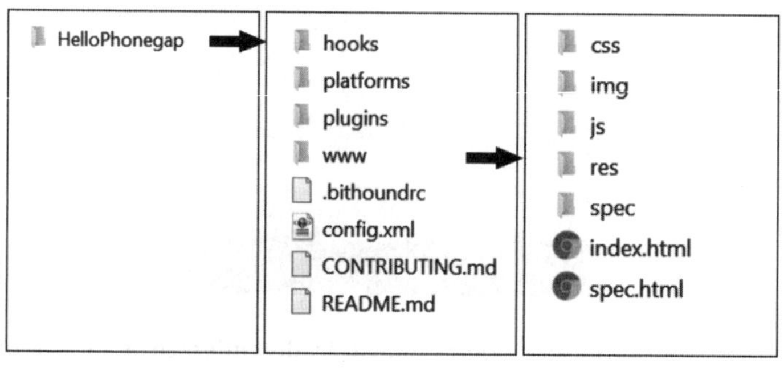

Figura 6.11 Pastas criadas do PhoneGap.

Na pasta do projeto, podemos encontrar diferentes pastas e arquivos. Entre esses elementos, há diferentes códigos (HTML, CSS, JavaScript) para que o PhoneGap possa transformar nossas páginas em apps, inclusive as bibliotecas específicas para acessar elementos que ainda não são acessíveis via JavaScript (bateria, vibração etc.). A pasta que mais nos interessa é "www", que contém o arquivo index.html e as pastas "css", "img" e "js". Aqui, vamos trabalhar criando nosso app.

6.2.2 Testando a lista de compras

Para testar nosso app, basta criar um projeto no PhoneGap, escolher o modelo *Blank* e deixar o programa criar a estrutura de pastas e arquivos.

Em seguida, copiamos todos os arquivos do app criado na pasta "www" do projeto criado e executamos o PhoneGap no celular, informando o endereço IP, como feito anteriormente. Depois de alguns segundos, a tela do app aparece no celular (Figura 6.12).

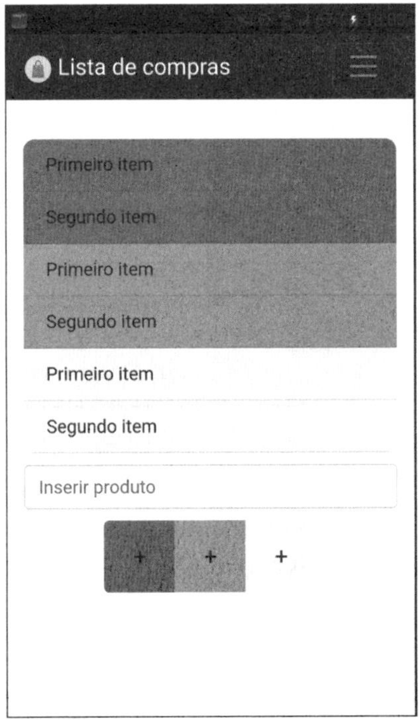

Figura 6.12 O app rodando no celular.

6.3 Construir o app para mobile

Para efetivamente criar o executável para ser colocado nas lojas virtuais, o método mais simples é utilizar Adobe PhoneGap Build, serviço on-line que permite a transformação do app feito com tecnologias web em aplicativo para dispositivos móveis (Figura 6.13).

Figura 6.13 Site do PhoneGap Build.

O acesso gratuito ao PhoneGap, mediante cadastro com um ID Adobe ou um perfil gitHub, permite carregar um arquivo privado ou conectar projetos presentes no gitHub. Para enviar nosso app, devemos comprimir nossa pasta principal em um arquivo chamado www.zip (ou comprimir diretamente a pasta "www", caso tenha sido utilizado o PhoneGap para desktop). Uma vez feito isso, podemos criar um app no site e escolher se desejamos indicar um repositório gitHub ou carregar um arquivo zip (Figura 6.14).

Figura 6.14 Criação de um novo app.

Depois de carregar o arquivo, o site permite inserir o nome do app e sua descrição, para passar à construção (*build*) do app (Figura 6.15).

Figura 6.15 Tela de criação do app.

Essa tela permite a criação de versões de debug de apps android (arquivo apk) e windows (arquivo appx). Criando uma *keystore* específica (código que identifica o programador que criou o app), podemos gerar a versão registrada. Caso se pretenda gerar o app para Android, clicamos no botão correspondente para baixar o arquivo específico, o qual pode ser carregado no celular (mediante cabo USB ou enviando-o via e-mail como anexo) e instalado no dispositivo. Para fazer isso, o celular deve estar habilitado para instalação de fontes desconhecidas. Acesse as configurações do celular Android, procure a opção "Segurança" e, em seguida, ative a opção "Fontes desconhecidas" (Figura 6.16).

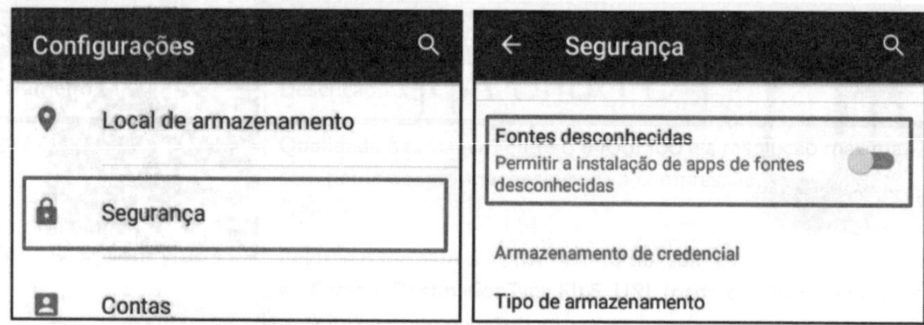

Figura 6.16 Configuração do celular para instalar apps de fontes desconhecidas.

RELEMBRANDO...

Neste capítulo, abordamos os seguintes temas:

- o uso do painel de inspeção dos navegadores para testar o app;
- o uso do PhoneGap para rodar o app em um dispositivo móvel;
- o uso de PhoneGap Build para ter um executável a ser instalado no dispositivo.

VAMOS PRATICAR?

6.1 Em que modo podemos simular um dispositivo móvel no navegador?

6.2 Qual é a função do PhoneGap? Quais componentes precisam estar instalados para que ele funcione?

6.3 Qual é a função do PhoneGap Build?

6.4 O que precisa ser feito para testar um app criado com o PhoneGap Build no celular?

Pesquisa complementar

- Com o PhoneGap, podemos acessar diferentes componentes do celular mediante o uso de plug-ins. Procure algumas informações sobre o *camera plugin*, que habilita o acesso à câmera fotográfica do dispositivo.
- Recentemente, foi disponibilizada uma versão *developer* do navegador Mozilla Firefox, com funcionalidades e ferramentas de programação web. Experimente esse navegador (https://www.mozilla.org/pt-PT/firefox/developer/) e, principalmente, o que ele disponibiliza para simular um dispositivo móvel.

CAPÍTULO 7

Sensores

Dispositivos modernos vêm com diferentes sensores embutidos, como a tela sensível ao toque, para utilizar o dispositivo com os dedos, acelerômetro e giroscópio, para registrar os movimentos e a orientação do dispositivo, GPS, para localizar a posição do usuário e utilizar mapas interativos, e muitos outros. Neste capítulo, veremos como acessar diretamente com JavaScript os dados desses sensores e como utilizar o PhoneGap/Cordova para acessar sensores cujo acesso ainda não é disponibilizado pelo JavaScript.

7.1 Introdução

Dispositivos modernos, como smartphones e tablets, são utilizados para fazer muito mais que fazer ligações e enviar mensagens. Essa evolução aconteceu graças à presença de diferentes sensores embutidos nos dispositivos, desde o GPS até o cardiofrequencímetro. Um sensor é um dispositivo que pode ser mecânico, eletrônico ou químico, sendo capaz de detectar os valores de uma quantidade física e transmitir as alterações para um sistema de medição ou controle (movimento do celular, frequência cardíaca e mudança de iluminação, por exemplo).

O Quadro 7.1 apresenta os principais sensores embutidos nos dispositivos modernos e suas funções.

Quadro 7.1 – Principais sensores

Sensor	O que mede
Acelerômetro	Aceleração
Giroscópio	Movimento rotacional
GPS (Global Positioning System)	Informações sobre as coordenadas geográficas
Proximidade	Proximidade de objetos
Luminosidade	Luz ambiente
Tela	Toques e gestos
Leitor biométrico	Informações sobre impressões digitais
Magnetômetro	Direção e intensidade de um campo magnético

ATENÇÃO!

Os exemplos deste capítulo, desde que o contrário não tenha sido indicado, podem ser executados no navegador, utilizando a simulação de um dispositivo móvel, ou mediante o PhoneGap (estudado no Capítulo 6).

7.2 Tela touch

A maior parte dos dispositivos móveis implementa uma tela que responde ao toque do dedo (chamada de tela *touch*) ou de mais dedos (*multitouch*). Para gerenciar esse comportamento, o JavaScript disponibiliza três eventos:

```
touchstart
touchmove
touchend
```

O *touchstart* é gerado quando o usuário inicia o toque na tela; o *touchmove*, quando o dedo é movido sobre a tela; e o *touchend*, quando o dedo é erguido.

Utilizamos o método *on* do jQuery para assinar esse evento a um elemento HTML e indicar qual função executar quando o evento ocorrer:

```
$("#id").on("touchstart", tocar);
function tocar(event){
  // executar alguma ação
}
```

A função recebe sempre o parâmetro *event*, que é o evento gerado e, mediante o qual podemos recuperar diferentes informações, por exemplo, qual foi o elemento que gerou o evento e, nesse caso, a posição do toque. Para o toque, o JavaScript disponibiliza um array de toques

```
touches[]
```

que contém, entre outras propriedades, as posições x e y do toque na página. Nesse sentido, para receber as coordenadas x e y do primeiro toque, podemos utilizar as seguintes linhas de código:

```
event.touches[0].pageX
event.touches[0].pageY
```

Vale ressaltar que, nesse caso, sendo *event* um objeto de tipo evento gerenciado pelo jQuery, ele empacota o evento originário JavaScript. Por isso, precisamos acessar o evento originário desta maneira:

```
event.originalEvent.touches[0].pageX
```

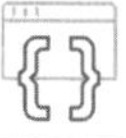

Exemplo 7.1

Coordenadas do toque

Neste exemplo muito básico, vamos mostrar na tela as coordenadas x e y do ponto de toque na tela.

93 - 180

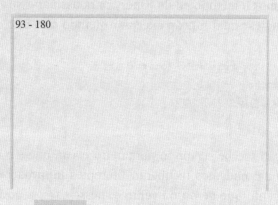

Figura 7.1 Ao tocar na tela, o programa mostra as coordenadas do toque.

HTML

```
<!DOCTYPE html>
<html>
<head>
  <meta name="viewport" ...>
  <meta charset="utf-8">
  <title>Document</title>
  <script src="js/jquery.js"></script>
  <style>
    *{  margin: 0;  padding: 0; }
    body,html{
      height: 100%;
    }
  </style>
</head>
<body>
  <script>
```

```
17.        $("body").on("touchstart touchmove", tocar);
18.
19.        function tocar(event){
20.          x = Math.floor(event.originalEvent.touches[0].pageX);
21.          y = Math.floor(event.originalEvent.touches[0].pageY);
22.          $("body").text(x + " - " + y);
23.        }
24.     </script>
25.  </body>
26.  </html>
```

O exemplo utiliza o *body* como zona de toque, porém, sendo o *body* uma caixa como qualquer outro *div*, tem a largura de 100% da tela, mas a altura fica ligada ao conteúdo (que, nesse caso, é 0, dado que o *body* está vazio). Por isso, no CSS, indica-se uma altura de 100% dos elementos HTML e *body*, para configurar a altura do *body* em 100% da área visível.

Na linha 17, são ativados os eventos *touchstart* e *touchmove* no *body* do documento e é indicada a função tocar como resolutiva dos eventos. Nessa função, são calculadas as coordenadas x e y do toque, as quais são mostradas na tela (linhas 20-22).

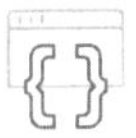

Exemplo 7.2

Arrastar elementos

Agora, exploraremos um pouco mais o exemplo anterior e criaremos um app que possibilita mover alguns elementos na tela, criando o efeito de *drag&drop*.

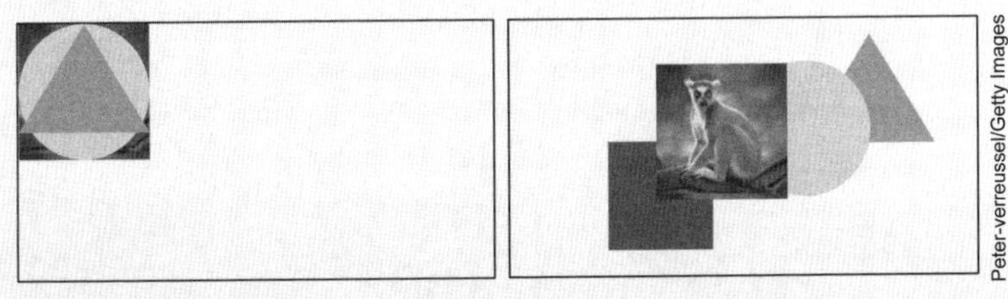

Figura 7.2 Tela inicial e elementos arrastados em pontos diferentes.

HTML

```
1. <!DOCTYPE html>
2. <html>
3. <head>
4.   <script src="js/jquery.js"></script>
5.   <script src="js/script.js"></script>
6.   <link rel="stylesheet" href="css/style.css">
7.   <meta name="viewport" ...>
8.   <meta charset="utf-8">
9.   <title>Document</title>
10. </head>
11. <body>
12.   <div id="forma1" class="forma"></div>
13.   <div id="forma2" class="forma"></div>
14.   <div id="forma3" class="forma"></div>
15.   <div id="forma4" class="forma"></div>
16. </body>
17. </html>
```

No HTML, definimos quatro *divs* de classe forma e fornecemos um *id* para poder personalizar cada um deles (linhas 12-15).

STYLE.CSS

```
*{  margin: 0;  padding: 0; }
body{
  overflow: hidden;
}
.forma{
  transition-property: opacity;
  transition-duration: 500ms;
  position: absolute;
}
#forma1{
  height: 100px;
  width: 100px;
  background-image: url(../img/ursinus.jpg);
  background-size: contain;
}
#forma2{
  height: 80px;
  width: 80px;
  background: blue;
  top: 10px;
  left: 10px;
```

```
22. }
23. #forma3{
24.   height: 100px;
25.   width: 100px;
26.   background: khaki;
27.   border-radius: 50%;
28. }
29. #forma4{
30.   height: 0;
31.   width: 0;
32. 
33.   border-bottom: 80px solid orange;
34.   border-left: 50px solid transparent;
35.   border-right: 50px solid transparent;
36. }
37. .toque{
38.   opacity:.5;
39. }
```

No CSS, definimos o ambiente e as quatros formas. Na linha 3, indicamos que, se um elemento sai da página, não devem ser mostradas as barras de rolagem (colocando o valor *hidden* no atributo *overflow* do *body* do documento). Nas linhas 5-9, definimos as características comuns das formas, ou seja, aquelas que têm posição absoluta (e podem ser deslocadas) e uma transição de meio segundo no atributo de opacidade. A forma1 tem um tamanho de 100 × 100 px e uma imagem de fundo, que é contida totalmente (linhas 10-15). A forma2 é um quadrado azul de 80 × 80 px, com uma translação de 10 px do topo da tela e 10 px do lado esquerdo (para estar centralizado em respeito à forma1). A forma3 é um círculo de 100 px de raio. A forma4 é um triângulo feito em CSS mediante o seguinte método: zerando altura e largura e colocando uma grossura na borda de baixo e deixando transparentes as outras bordas. No código (linhas 37-39) é definida uma classe (toque) que estabelece a opacidade a 50%. Essa classe será ativada e desativada no jQuery.

Script.js

```
$(function(){
  z=1;
  $(".forma").on("touchstart", tocar);
  $(".forma").on("touchend", soltar);
  $(".forma").on("touchmove", mover);
});

```

```
8. function tocar(e){
9.   $(this).addClass("toque");
10.  $(this).css("z-index",z);
11.  z++;
12.  toqueX = e.originalEvent.touches[0].pageX;
13.  inicioX = $(this).position().left;
14.  dx = toqueX - inicioX;
15.
16.  toqueY = e.originalEvent.touches[0].pageY;
17.  inicioY = $(this).position().top;
18.  dy= toqueY - inicioY;
19. }
20.
21. function soltar(e){
22.  $(this).removeClass("toque");
23. }
24.
25. function mover(e){
26.  x = e.originalEvent.touches[0].pageX;
27.  y = e.originalEvent.touches[0].pageY;
28.  $(this).css('left', x - dx);
29.  $(this).css('top', y - dy);
30. }
```

No script, utiliza-se uma variável z para dar conta do z-index dos objetos. Quando um objeto é tocado, ele passa automaticamente a ser visualizado em cima dos outros elementos. Nas linhas 3-5, são atribuídas as funções *tocar*, *mover* e *soltar* aos evento de início de toque, de movimento na tela e de soltar o dedo. Quando uma forma for tocada, torna-se transparente mediante a atribuição da classe toque (linha 9). Em seguida (linhas 10 e 11), a figura é colocada em cima das outras utilizando a variável z, a qual é incrementada de 1. Para saber em qual ponto a forma foi tocada, calcularemos a coordenada x do topo na página toda (linha 12) e a posição x da forma na página (linha 13). Subtraindo esses dois valores, encontramos o ponto x do toque interno à figura e fazemos o mesmo com a coordenada y, nas linhas 16-18. Na função mover, calculamos onde o dedo está na tela e posicionaremos a imagem naquela posição, sempre tendo em conta a distância do dedo, respeitando o ponto de início da figura, calculado na função tocar (linhas 25-30). Ao soltar o dedo da tela, é chamada a função soltar, que simplesmente remove a classe toque da figura.

ATENÇÃO!

Além de toques, para representar ações mais complexas, frequentemente são implementadas algumas sequências de toques definidas *gestures*, como *rotate* (rotação), *move* (movimento), *swipe* (deslizamento), *pinch* e outras. Para simplificar o uso das *gestures*, pode-se utilizar a biblioteca **hammer.js**[1], que as implementa de maneira simples.

7.3 Geolocalização

As API de geolocalização acessam a localização do dispositivo, utilizando GPS, sinais wireless ou de torres de celulares para fornecer informações sobre a localização geográfica do dispositivo (Figura 7.3).

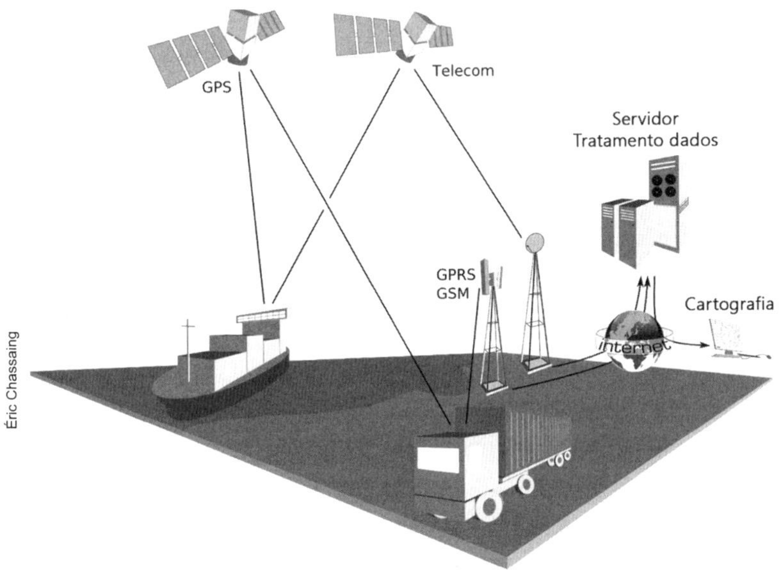

Figura 7.3 Princípios da geolocalização.

As informações são acessíveis mediante *geolocation*, objeto filho de *windows.navigator*. Para testar a presença desse objeto no navegador, podemos proceder seguindo a indicação do **MDN Web Docs**[2], da Mozilla:

1. Disponível em: <https://hammerjs.github.io>. Acesso em: 17 dez. 2019.
2. Disponível em: <https://developer.mozilla.org/en-US/docs/Web/API/Geolocation_API>. Acesso em: 17 dez. 2019.

```
if ("geolocation" in navigator) {
  // geolocation disponível
} else {
  // geolocation não disponível
}
```

A localização geográfica é formada por duas informações – latitude e longitude –, expressas em graus. A latitude de 0° corresponde ao paralelo do Equador e a longitude 0° corresponde ao primeiro meridiano, o Meridiano de Greenwich (Figura 7.4).

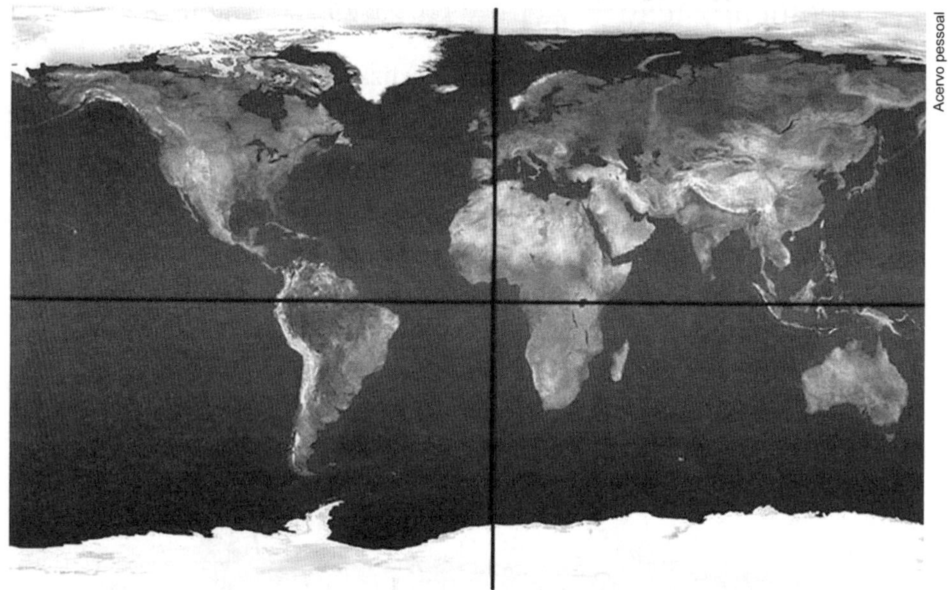

Acervo pessoal

Figura 7.4 Ponto de latitude 0°e longitude 0°.

7.3.1 Obter a posição atual

O objeto *geolocation* disponibiliza o método *getCurrentPosition* para acessar a posição atual. Na medida em que acessar a posição de um dispositivo pode ser uma tarefa demorada, o método é assíncrono e utiliza as duas funções de *callback*, sucesso e erro, para executar o respectivo código em caso de sucesso ou erro de acesso à posição do dispositivo.

```
navigator.geolocation.getCurrentPosition(sucesso, erro);
function sucesso(onde){}
function erro(){}
```

A função sucesso recebe um objeto que indica a posição do dispositivo, ao passo que a função erro não recebe parâmetros.

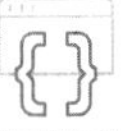

EXEMPLO 7.3

POSIÇÃO ATUAL

Aqui, criaremos um primeiro exemplo para verificar a presença do objeto *geolocation* e mostrar a latitude e a longitude atuais.

```
1.  <h1>Geolocalização</h1>
2.  <div id="local"></div>
3.  <script>
4.    function sucesso(onde){
5.      $('#local').html('Latitude: ' + onde.coords.latitude +
          '<br>Longitude: ' + onde.coords.longitude);
6.    };
7.
8.    function erro(){
9.      $('#local').html('Não consigo acessar à posição do
        dispositivo.');
10.   };

11.   if ("geolocation" in navigator) {
12.     navigator.geolocation.getCurrentPosition(sucesso, erro);
13.   } else {
14.     $('#local').html('Geolocalização não disponível.');
15.   }
17. </script>
```

A página, além de um título, apresenta um *div* chamado *local* para visualizar as informações. Na linha 11, testamos se o navegador suporta a geolocalização. Em caso positivo, na linha 12 utilizaremos o método *getCurrentPosition*, passando as duas funções de *callback*. A função sucesso (linha 4) recebe um objeto (que chamamos de *onde*) que contém a latitude e a longitude da posição. A linha 5 imprime esses dados, como mostrado na Figura 7.5.

Figura 7.5 Latitude e longitude atuais.

Dadas as questões de privacidade, na primeira execução do app, é solicitada uma permissão explícita para acessar essas informações (Figura 7.6).

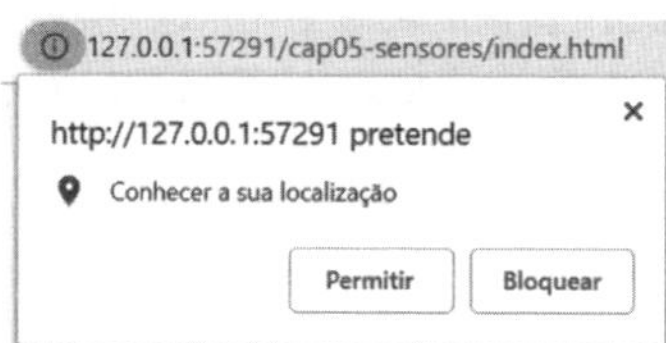

Figura 7.6 Pedido de permissão para acessar a localização do dispositivo.

O navegador memoriza a escolha, que pode ser modificada clicando no botão das informações do site, na barra de navegação (no Chrome, por exemplo, esse botão encontra-se como indicado na Figura 7.7).

Figura 7.7 Botão de informações e autorização para acesso à localização, no Google Chrome.

O navegador permite a simulação de locações fictícias. Abrindo o painel de inspeção, no menu, pode ser escolhida a voz *Sensor* dentro da escolha *More tools* (Figura 7.8). Surgirá a aba *Sensors*, na qual, como primeira escolha, poderemos selecionar uma localização fictícia (como London – Londres) ou inserir diretamente a longitude e a latitude específicas.

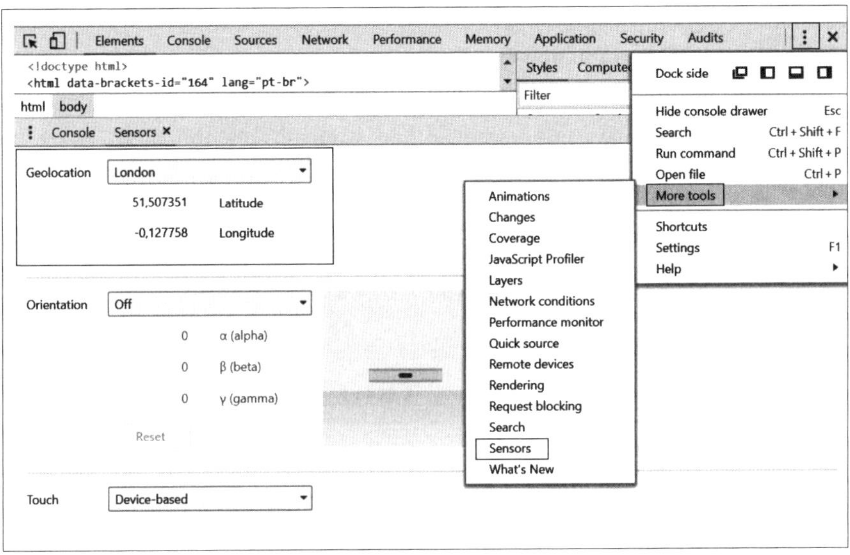

Figura 7.8 Menu para ativar a aba *Sensors* e a possibilidade de escolher uma localização fictícia.

O método *getCurrentPosition* também aceita um terceiro parâmetro, um objeto de opções que permite especificar com maior acurácia e modificar o tempo máximo de espera da geolocalização:

```
var opcoes = {
  enableHighAccuracy: true/(false),
  maximumAge: valorMilisegundos,
  timeout: valorMilisegundos
};
navigator.geolocation.getCurrentPosition(sucesso, erro, opcoes);
```

O *enableHighAccuracy* é um valor booleano (lógico) que indica se o app pretende receber os melhores resultados possíveis. O valor-padrão é *false*. Se for *true*, o dispositivo tentará fornecer uma posição mais precisa, provavelmente, com um tempo de resposta mais lento e/ou maior consumo de energia.

O *timeout* é um valor em milissegundos que indica o tempo permitido para o dispositivo retornar à posição. O valor-padrão é *Infinity*, indicando que o método *getCurrentPosition* não retornará algum resultado até que a posição esteja disponível.

O *maximumAge* indica a idade máxima que uma posição salva em memória cache é aceitável para ser retornada. O valor-padrão é 0 (zero), ou seja, o dispositivo não pode utilizar uma posição em cache e deve tentar recuperar a posição atual.

```
var opcoes = {
  enableHighAccuracy: true,
  maximumAge: 30000,
  timeout: 27000
};
navigator.geolocation.getCurrentPosition(sucesso, erro, opcoes);
```

7.3.2 Continuar a observar a posição do usuário

O método *getCurrentPosition* permite obter a posição do usuário, mas não a atualiza caso o usuário se movimente.

Caso desejemos observar a posição durante a execução do app, existe outro método que podemos utilizar:

```
obs = navigator.geolocation.watchPosition(sucesso, erro, opcoes);
```

Os parâmetros são idênticos (com a possibilidade de omitir o parâmetro opções, como no método visto em precedência). A única diferença é que o método retorna uma variável (um *handler*, neste caso) que identifica a observação. Para concluir a observação, utilizamos o método

```
navigator.geolocation.clearWatch(obs);
```

passando a variável referente à observação.

Exemplo 7.4

Observar a posição

Neste exemplo, colocaremos um botão para poder iniciar ou concluir a observação da posição do usuário.

```
<h1>Geolocalização</h1>
<div id="local"></div>
<button id='observa'>Observar</button>
<script>
  function sucesso(onde){
    $('#local').append('Latitude: ' +
      onde.coords.latitude + '<br>Longitude: ' +
      onde.coords.longitude + '<br>----------<br>');
  };

  function erro(){
    $('#local').append('Posição não disponível' +
      '<br>----------<br>');
  }

  $('#observa').click(function(){
    if($(this).text()=='Observar'){
      obs = navigator.geolocation.watchPosition
      (sucesso, erro);
      $(this).text('Parar');
    }
    else{
      navigator.geolocation.clearWatch(obs);
      $(this).text('Observar');
    }
  })
</script>
```

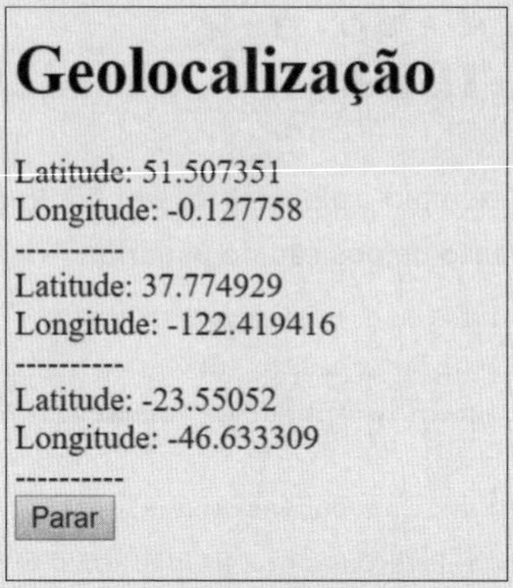

Geolocalização

Latitude: 51.507351
Longitude: -0.127758

Latitude: 37.774929
Longitude: -122.419416

Latitude: -23.55052
Longitude: -46.633309

Parar

Figura 7.9 Execução do app mostrando diferentes localizações.

Parte do código do app é semelhante ao do exemplo anterior. Na linha 5, há uma função sucesso, que imprime a localização atual, e na linha 9 há uma função erro, que imprime uma mensagem de erro. No HTML, foi introduzido um botão de nome *observa*, cuja etiqueta é "Observar" (linha 3). Esse botão ativará a observação da localização do usuário, mas também será utilizado para interromper a observação. Na linha 13, é posicionado um *listener* no clique do botão *observa*. Quando o botão for pressionado, o código verifica se o texto do botão é "Observar" (na linha 14). Nesse caso, o programa chama o método *watchPosition* e muda o texto do botão para "Parar". Se o texto do botão for "Parar", significa que o botão já foi pressionado e, por isso, o programa utiliza o método *clearWatch*, para concluir a observação da localização (linha 19).

7.3.3 Uso de mapas

Informações como latitude e longitude são, certamente, mais bem aproveitadas com um mapa. Existem diferentes serviços que permitem o uso de mapas, entre os quais o mais conhecido é o **Google Maps**[3] (Figura 7.10), que, para ser utilizado, solicita um processo de cadastramento e uso de chaves públicas. Além de determinado uso, número de visitas e tráfego na página, atualmente

3. Disponível em: <https://cloud.google.com/maps-platform>. Acesso em: 17 dez. 2019.

o serviço solicita um perfil de faturamento para viabilizar o cadastro. Mesmo considerando a validade desse serviço, existem outros que oferecem maior facilidade de uso e a possibilidade de personalização, sendo *open source*. Um deles é o **OpenStreetMap**[4], um projeto de dados geográficos livres (Figura 7.11).

Figura 7.10 Serviço Google Maps.

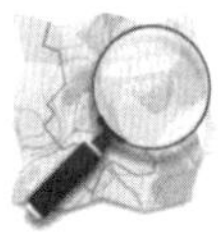

Figura 7.11 Serviço OpenStreetMap.

Para o uso de OpenStreetMap, existe uma biblioteca JavaScript, **LeafletJs**[5], que permite configuração rápida e uso simples.

Figura 7.12 Biblioteca Leaflet.

Baixando a biblioteca, encontramos os seguintes elementos:

4. Saiba mais sobre o tema em: <https://wiki.openstreetmap.org/wiki/Pt:Main_Page>. Acesso em: 17 dez. 2019.
5. Disponível em: <https://leafletjs.com>. Acesso em: 17 dez. 2019.

- `leaflet.js` – o arquivo minificado da biblioteca (a ser usado no app);
- `leaflet-src.js` – a versão legível da biblioteca, com comentários e espaçamentos (útil para depuração);
- `leaflet.css` – o CSS a ser utilizado em conjunto com a biblioteca;
- `images` – uma pasta com imagens que são utilizadas pelo arquivo leaflet.css. A pasta "images" deve estar na mesma pasta do arquivo leaflet.css.

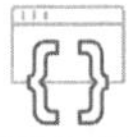

EXEMPLO 7.5

MAPA COM LEAFLET

Neste exemplo, visualizaremos um mapa centralizado no Cristo Redentor, famoso monumento do Rio de Janeiro (coord: -22.95165, -43.21065) utilizando a biblioteca Leaflet. Colocamos também um marcador com um pop-up explicativo.

HTML

```
1.  <!DOCTYPE html>
2.  <html lang="pt-BR">
3.  <head>
4.    <title>Document</title>
5.    <meta charset="UTF-8">
6.    <link rel="stylesheet" href="css/leaflet.css">
7.    <script src="js/jquery.js"></script>
8.    <script src="js/leaflet.js"></script>
9.    <style>
10.     *{ margin: 0; }
11.     body,html{ height: 100%; }
12.     #mapa{ height: 100%; }
13.   </style>
14. </head>
15. <body>
16.   <div id="mapa"></div>
17.   <script src="js/script.js"></script>
18. </body>
19. </html>
```

Mostramos todo o arquivo HTML para verificar a inclusão das bibliotecas e o CSS da página. Nas linhas 6-8, incluímos todas as bibliotecas de que precisamos para o uso da Leaflet, ou seja, um arquivo CSS, a biblioteca jQuery (que deve ser incluída primeiro) e a biblioteca Leaflet.

Para colocar o mapa em tela cheia, tiramos as margens de todos os elementos (linha 10) e estabelecemos os elementos *html* e *body* a 100% de altura (linha 11). No documento, criamos um *div* chamado *mapa* (linha 16), que será a na qual onde exibiremos o mapa, e o colocamos a 100% de altura (linha 12). Na linha 17, carregamos o *script* que configura o mapa.

JavaScript

```
1. var mapa = L.map('mapa').setView([-22.95165, -43.21065], 15);
2.
3. L.tileLayer(
     'https://{s}.tile.openstreetmap.org/{z}/{x}/{y}.png',
     {
4.     attribution:
       '&copy; <a href="https://www.openstreetmap.org/copyright">
       OpenStreetMap</a> contributors'
     })
5.   .addTo(mapa);
6.
7. L.marker([-22.95165, -43.21065])
8.   .addTo(mapa)
9.   .bindPopup(
     '<a href="https://pt.wikipedia.org/wiki/Cristo_Redentor"
     target="_blank">Cristo Redentor</a><br>Rio de Janeiro')
10.  .openPopup();
```

L é o objeto principal da biblioteca Leaflet, e, neste exemplo, é utilizado para criar o mapa, atribuir o *set* de *tile layer* e criar um *marker*. Na linha 1, é instanciado um objeto mapa utilizando o método *L.map*, que recebe o *id* de um elemento HTML (definido na linha 16 do código HTML). O método *setView* da mesma linha recebe um *array* com a latitude e a longitude do ponto a visualizar e um número indicando o zoom (18 é o máximo). Na linha 3, utiliza-se o método *tileLayer*, que referencia o motor de renderização do mapa. Neste caso, utilizamos um endereço do OpenStreetMap com alguns parâmetros (s, x, y e z) que a biblioteca vai substituir com as coordenadas e o zoom, seguido por um objeto de configuração. Somente o atributo *attribution* é utilizado, na linha 4, preenchido com um texto de direitos autorais e o link para o OpenStreetMap. Com o método *addTo* da linha 5, associamos o *tileTalyer* ao objeto mapa criado anteriormente. Na linha 7, criamos um marcador com o método *marker*, que coloca um marcador padrão da Leaflet na coordenada indicada. Na linha 8, esse marcador é adicionado ao objeto mapa e, na linha 9, é criado um pop-up associado ao marcador. O método utilizado é *bindPopup*, que recebe o texto a ser mostrado – nesse caso, um link com um texto. A linha 10 mostra automaticamente o marcador mediante o método *openPopup*.

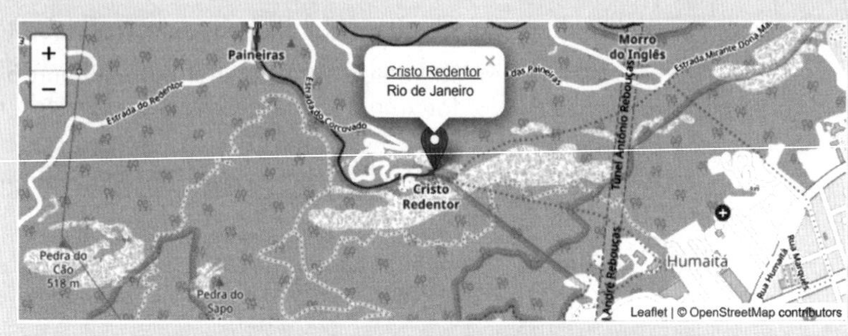

Figura 7.13 Mapa centralizado no Cristo Redentor (Rio de Janeiro).

Fonte: reprodução/OpenStreetMap.

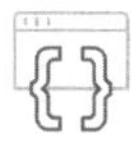

Exemplo 7.6

Mapa geolocalizado

Neste exemplo, utilizamos a geolocalização para centralizar o mapa no lugar onde o usuário se encontra. Colocamos um marcador particular e um pop-up. O código HTML é idêntico ao do exemplo anterior.

script.js

```
if("geolocation" in navigator) {
navigator.geolocation.getCurrentPosition(sucesso, erro);
} else {
  $('#local').html('Geolocalização não disponível.');
}

function erro(){
  $('body').html('Não consigo acessar à posição do dispositivo.');
}

function sucesso(onde){
  lat = onde.coords.latitude;
  long = onde.coords.longitude;

  mapa = L.map( 'mapa', {
```

```
16.     center: [lat, long],
17.     minZoom: 8,
18.     zoom: 16
19.   });
20.
21.   L.tileLayer(
        'http://{s}.tile.openstreetmap.org/{z}/{x}/{y}.png', {
22.       attribution:
          '&copy; <a href="https://www.openstreetmap.org/copyright">
          OpenStreetMap</a>'
23.       }).addTo(mapa);
24.
25.   meuIcone = L.icon({
26.     iconUrl: 'css/images/marker2.png',
27.     iconSize: [41, 41],
28.     iconAnchor: [21, 40],
29.     popupAnchor: [0, -36]
30.   });
31.
32.   L.marker([lat, long], {icon: meuIcone} )
33.    .bindPopup(
        '<a href="http://google.com" target="_blank">
        Estamos aqui!</a>')
34.    .addTo(mapa);
35. }
```

Como vimos no Exemplo 7.3, empregamos o método *getCurrentPosition* para receber as informações da geolocalização (linha 3). As latitude e as longitude lidas são utilizadas na linha 15 para criar o mapa centralizado nessa coordenada, com um zoom de 16 e a possibilidade de diminuir o zoom até 8. Na linha 21, carregamos os conjuntos de *tiles* do OpenStreetMap, como visto no exemplo anterior. Na linha 25, utilizamos o método *icon* para definir um ícone personalizado para ser utilizado como marcador: definimos o percurso para a imagem utilizada[6], o tamanho do ícone, o ponto de âncora (ou seja, o ponto que deve ser colocado na coordenada) e o ponto de âncora do pop-up. Na linha 32, define-se o marcador, colocado na coordenada especificada anteriormente, utilizando o ícone criado, e também se cria o pop-up.

6. Imagem utilizada como marcador por SimpleIcon: <http://www.simpleicon.com/> – <http://www.flaticon.com/packs/simpleicon-places, CC BY 3.0, https://commons.wikimedia.org/w/index.php?curid=47381803>.

Figura 7.14 Mapa centralizado na Universidade Federal da Bahia (UFBA) utilizando geolocalização e marcador personalizado.

Fonte: reprodução/OpenStreetMap.

7.4 Detectar rotação e movimento do dispositivo

Existem dois objetos JavaScript que lidam com informações de orientação e movimento de um dispositivo: *DeviceOrientationEvent* e *DeviceMotionEvent*. O primeiro é enviado quando o giroscópio detecta uma alteração na orientação do dispositivo, e o segundo, quando o acelerômetro detecta uma alteração na aceleração, indicando que o usuário é em movimento ou está movendo o dispositivo. Dispositivos portáteis utilizam essas informações para girar automaticamente a tela e exibir a informação mais bem distribuída na página ou para registrar movimentações do usuário ou *gestures* específicas. Recomenda-se testar os exemplos diretamente no dispositivo utilizando o PhoneGap e desativar a rotação automática do dispositivo para evitar a passagem da tela na modalidade retrato a paisagem.

7.4.1 Rotação

O giroscópio mede o coeficiente de rotação em torno dos eixos x, y e z do dispositivo, retornando valores em ângulos *alpha*, *beta* e *gamma* (Figura 7.15). O valor *alpha* representa o movimento do dispositivo em torno do eixo z, representado em graus com valores que variam de 0 a 360. O valor *beta* representa o movimento do dispositivo em torno do eixo x, representado em graus com valores que variam de –180 a 180. O valor de *gamma* representa o movimento do dispositivo em torno do eixo y, representado em graus com valores que variam de –180 a 180[7].

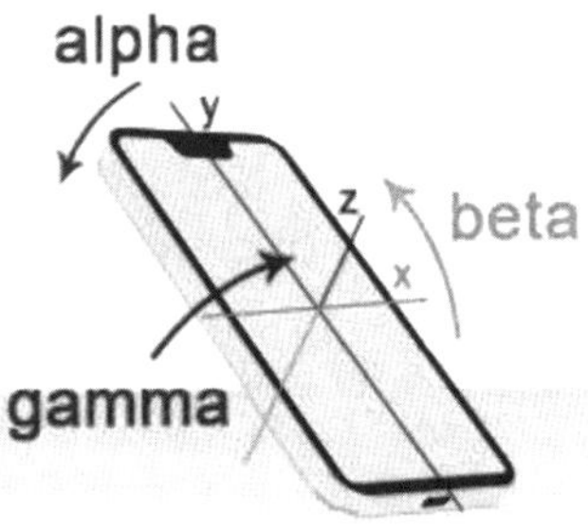

Figura 7.15 Eixos e movimentos do dispositivo.

Na Figura 7.16, podemos ver alguns exemplos de ângulos de rotação de um dispositivo.

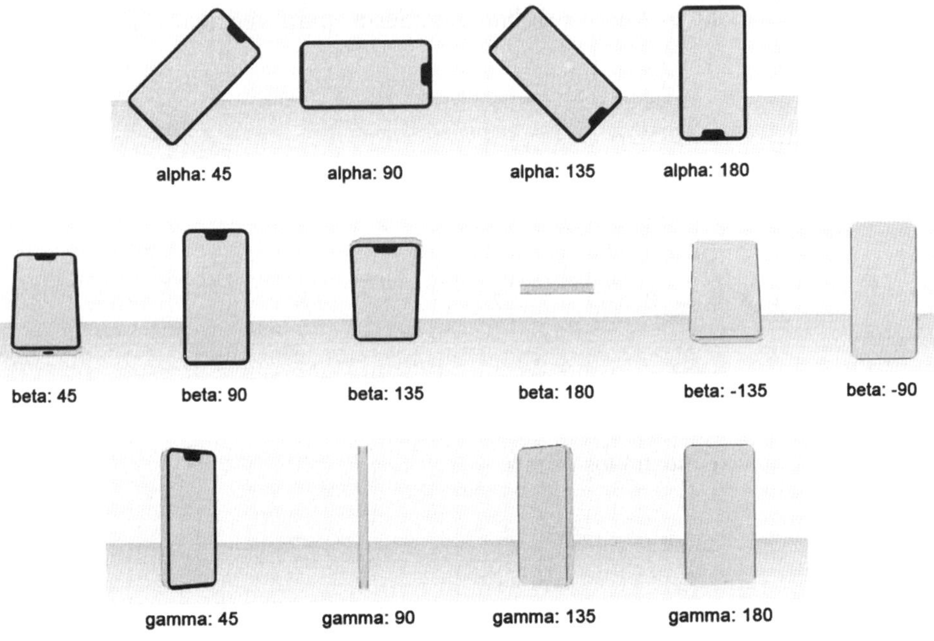

Figura 7.16 Ângulos de rotação do dispositivo.

7. Esses são os valores resultantes no navegador Chrome. Navegadores diferentes podem indicar os ângulos de maneira diferente. Verificar a implementação.

Para receber informações sobre a rotação do dispositivo, é importante verificar a presença do sensor, testando desta maneira:

```
if(window.DeviceOrientationEvent)
   // sensor presente
else
  // sensor não presente
```

Uma vez verificada a presença do sensor, basta colocar um observador do evento *deviceorientation*:

```
$(window).on("deviceorientation", orientacao);
function orientacao(event){ }
```

A *orientacao* é uma função de *callback* chamada sempre que ocorrer uma mudança (mínima) na orientação do celular. A função recebe o objeto *event*, representando o evento que ativou o *callback*. Como vimos anteriormente, teremos de acessar o evento original JavaScript para verificar a rotação nos três eixos:

```
event.originalEvent.alpha
event.originalEvent.beta
event.originalEvent.gamma
```

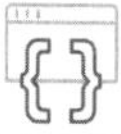

Exemplo 7.7

Rotação

Neste exemplo, vamos simplesmente ler os valores de rotação do dispositivo e mostrá-los na tela.

```
<div id="teste"></div>
<script>
  if(window.DeviceOrientationEvent){
    $(window).on("deviceorientation", orientacao);
  }
  else
    $('#teste').text('Acelerômetro não suportado');

```

```
 9.   function orientacao(event){
10.     oe = event.originalEvent;
11.     $('#teste').html(
12.       'alpha: '+ oe.alpha.toFixed(2) +
13.       '<br>beta: '+ oe.beta.toFixed(2) +
14.       '<br>gamma: '+ oe.gamma.toFixed(2)
15.     );
16.   }
17. </script>
```

Na linha 3, verificamos se o dispositivo suporta o evento e, na linha 4, estabelecemos a função de *callback* para o movimento da orientação do dispositivo[8]. Essa função está declarada na linha 9. Mediante o evento recebido pela função, acessamos os valores de rotação (linhas 12-14) e os imprimimos em um *div* de nome *teste*. O método *toFixed* arredonda o valor a dois dígitos decimais.

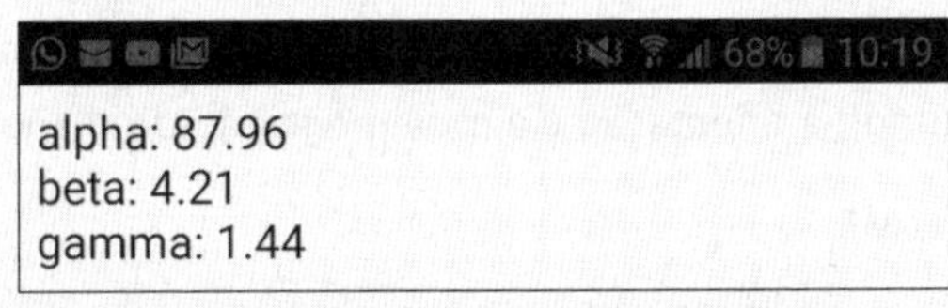

Figura 7.17 Exemplo mostrando a rotação do dispositivo.

7.4.2 Movimento

O acelerômetro mede a velocidade das alterações de posição e orientação do dispositivo nos eixos x, y e z (Figura 7.15). Os valores retornados são dados em metros por segundo ao quadrado (m/s^2).

Para verificar a presença do acelerômetro, podemos testar da seguinte maneira:

```
if(window.DeviceMotionEvent)
   // sensor presente
else
  // sensor não presente
```

8. Para aprofundar o tópico, veja: <https://developer.mozilla.org/en-US/docs/Web/API/Detecting_device_orientation>. Acesso em: 10 jan. 2020.

Uma vez verificada a presença do sensor, basta colocar um observador do evento *devicemotion*:

```
$(window).on("devicemotion", movimento);
function movimento(event){ }
```

movimento é também uma função de *callback* chamada sempre que o dispositivo é movido. Para acessar os valores de aceleração, utilizamos:

```
event.originalEvent.accelerationIncludingGravity.x
event.originalEvent.accelerationIncludingGravity.y
event.originalEvent.accelerationIncludingGravity.z
```

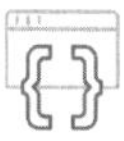

Exemplo 7.8

Movimento

Neste exemplo, criaremos uma pequena bola na tela, que é movida segundo a orientação e a movimentação do dispositivo.

HTML

```
<div id='bola'><div></div></div>
```

Para criar graficamente a bola, basta um elemento *div* (para a bola) com um *div* interno (para simular um ponto de luz e deixar a bola tridimensional).

CSS

```
#bola{
   width: 50px;
   height: 50px;
   background-color: red;
   border-radius:50%;
   box-shadow: 4px 4px 4px;
   position: absolute;
}
#bola div{
   height: 100%;
   background:
   radial-gradient(at 40% 30%, white, transparent 70%);
   border-radius:50%;
}
```

No CSS, definiremos a aparência da bola. A dimensão é de 50 × 50 px, de cor vermelha. Utilizamos o *border radius* para obter bordas redondas. Na linha 6, criamos uma sombra e, na linha 7, definimos o posicionamento absoluto, para poder mover a bola empregando os atributos *top* e *left*.

JavaScript (jQuery)

```
 1. if(window.DeviceMotionEvent){
 2.    wh = $(window).height();
 3.    ww = $(window).width();
 4.    $('#bola').css('left', (ww-50)/2);
 5.    $('#bola').css('top', (wh-50)/2);
 6.    vel = 1.5;
 7.
 8.    $(window).on('devicemotion', movimento);
 9. }
10. else
11.  $('body').text('Acelerômetro não suportado');
12.
13. function movimento(e) {
14.   ax = e.originalEvent.accelerationIncludingGravity.x * vel;
15.   ay = e.originalEvent.accelerationIncludingGravity.y * vel;
16.
17.    px = $('#bola').position().left;
18.    py = $('#bola').position().top;
19.
20.    if(px - ax < 0) px = 0;
21.    else if(px - ax + 50 > ww) px = ww -50;
22.    else px = px -ax;
23.
24.    if(py + ay < 0) py=0;
25.    else if(py + ay + 50 > wh) py = wh - 50;
26.    else py = py + ay;
27.    $('#bola').css('left', px);
28.    $('#bola').css('top', py);
29. };
```

Na linha 1, testamos a presença do sensor. Caso exista, salvamos em duas variáveis o tamanho da tela (ww – *window width*, largura, e wh – *window height*, altura). Nas linhas 4 e 5, posicionamos a bola no centro da tela e, na linha 6, inicializamos um parâmetro de velocidade. Mudando esse elemento, mudaremos a velocidade da bola. A linha 8, enfim, estabelece a função de *callback* no movimento do dispositivo.

Na função de *callback*, o primeiro a fazer é calcular os movimentos nos eixos x e y, multiplicá-los pela velocidade e salvar o resultado nas variáveis ax e ay (aceleração x e aceleração y). As linhas 17 e 18 verificam a posição atual da bola. No bloco de linhas 20-22, executamos alguns testes sobre a posição x da bola, para evitar que esta saia da tela. Se a posição atual menos o valor calculado de aceleração é menor que 0, significa que a bola saiu, então, a posição atual será 0 (borda esquerda). Se a posição atual menos a aceleração (considerando a largura da bola) superar a largura da tela, colocaremos a bola apoiada na borda direita. Os mesmos cálculos são feitos para calcular a posição y da bola nas linhas 24-26. Nas linhas 27 e 28, atualizamos a posição da bola.

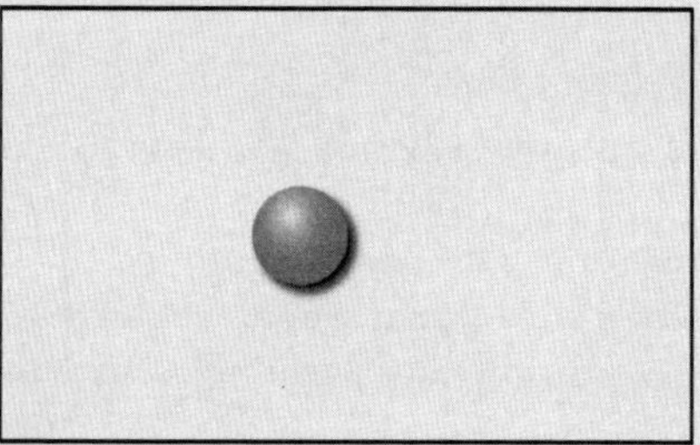

Figura 7.18 A bola movimenta-se segundo a inclinação e o movimento do dispositivo.

Atenção!

O site *developer.mozilla.org* aconselha o uso da *polyfill gyronorm.js*[9], que acessa os dados do giroscópio e do acelerômetro de dispositivos diferentes, retornando valores consistentes e normalizando os valores relativos à gravidade.

9. Disponível em: <https://github.com/dorukeker/gyronorm.js>. Acesso em: 17 dez. 2019.

7.5 Uso da câmera fotográfica

Todo dispositivo móvel moderno conta com uma câmera fotográfica compacta embutida. O sistema operacional disponibiliza um aplicativo-padrão para tirar fotos, aproveitando a tela touch como interface para escolher opções, estabelecer o foco, fazer o zoom etc. Além do app-padrão, outros podem ser programados para interagir com a câmera, adicionando recursos como *geotagging* (a possibilidade de geolocalizar a foto), filtros e muito mais.

Para implementar o uso da câmera em nossos apps, devemos utilizar a biblioteca PhoneGap/Cordova, dado que o JavaScript ainda não dá conta da interação com esse dispositivo. A API, neste caso, é a **cordova-plugin-camera**[10], que define o teste para verificar a presença de uma câmera, as funções e os objetos necessários para utilizar o dispositivo. Dada essa premissa, o aplicativo que construiremos **NÃO** funcionará no emulador do navegador, somente no PhoneGap.

O plug-in define um objeto global *navigator.camera*, que fornece os instrumentos para utilizar a câmera e para selecionar as imagens da galeria do dispositivo. Para testar se a câmera está presente:

```
if(navigator.camera)
  // câmera presente
else
  // câmera não presente
```

O método utilizado para tirar uma foto ou recuperar uma imagem é o mesmo:

```
camera.getPicture(sucesso, erro, opcoes);
```

Como em outros casos similares (geolocalização, por exemplo), *sucesso* é uma função de *callback* chamada quando o sistema consegue obter uma imagem (da câmera ou da galeria, sem distinção), *erro* é uma função de *callback* chamada em caso de erro e *opcoes* são parâmetros de configuração da câmera (Quadro 7.2).

---

10. Disponível em: <https://cordova.apache.org/docs/en/latest/reference/cordova-plugin-camera/index.html>. Acesso em: 17 dez. 2019.

Quadro 7.2 – Parâmetros de configuração da câmera	
Parâmetro	Descrição
`quality`	Qualidade da imagem entre 0 e 100. 100 é a resolução máxima, sem perda de informações devida à compressão. Padrão: 50.
`destinationType`	Retorna o formato do valor de retorno. Valores: ▪ **Camera.DestinationType.FILE_URL** (padrão, retorna o percurso à imagem no dispositivo) ▪ **Camera.DestinationType.DATA_URL** (retorna a imagem em uma *string* codificada, ocupa muita memória e pode causar erros)
`sourceType`	Estabelece a origem da foto. Valores: ▪ **Camera.PictureSourceType.CAMERA** (padrão) ▪ **Camera.PictureSourceType.SAVEDPHOTOALBUM**
`allowEdit`	Permite uma edição básica da foto (um recorte). Valores: ▪ *false* (padrão) ▪ *true*
`encodingType`	Estabelece a codificação da imagem. Valores: ▪ **Camera.EncodingType.JPEG** (padrão) ▪ **Camera.EncodingType.PNG**
`correctOrientation`	Corrige um problema de orientação do Android. Valores: ▪ true ▪ false
`targetWidth` `targetHeight`	Altura e largura da imagem resultante. Útil para escalonar a imagem. Valores em pixels.
`saveToPhotoAlbum`	Salva a imagem na galeria do dispositivo. Valores: ▪ true ▪ false

Para passar esses parâmetros, criamos um objeto como:

```
opcoes = {
  quality: 50,
  destinationType: Camera.DestinationType.FILE_URL,
  correctOrientation: true,
  saveToPhotoAlbum: true,
  allowEdit: true
};
```

Esse objeto será passado ao método *getPicture*, para definir as características da imagem que será recebida.

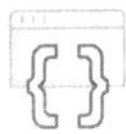

Exemplo 7.9

Câmera

Utilizamos as informações coletadas para criar um app que possa tirar uma foto e mostrar uma foto da galeria.

HTML

```
 1. <!DOCTYPE html>
 2. <html>
 3. <head>
 4.   <meta charset="utf-8">
 5.   <meta name="viewport" ...>
 6.   <title>Câmera</title>
 7.   <link rel="stylesheet" href="css/style.css">
 8.   <script src='js/jquery.js'></script>
 9. </head>
10. <body>
11.   <h1>Uso da câmera</h1>
12.   <div id="mensagem"></div>
13.
14.   <img id=″foto″>
15.
16.   <div class="botoes">
17.     <button class="tirarFoto">Tirar foto</button>
18.     <button class="galeria">Foto da galeria</button>
19.   </div>
20.
21.   <script type=″text/JavaScript″ src=″cordova.js″></script>
22.   <script src=″js/script.js″></script>
23. </body>
24. </html>
```

No HTML, posicionaremos os elementos necessários para criar nosso app de câmera fotográfica. Na linha 12, colocamos um *div* para mostrar a mensagem de estado da câmera e, na linha 14, preparamos um *img* para colocar a foto tirada ou selecionada. Nas linhas 16-19, criamos dois botões para associar as funções de tirar foto e selecionar uma imagem da galeria. É importante notar que, na linha 21, é linkada a biblioteca *cordova.js* (que é posicionada durante o *run-time*), que contém a interface para a gestão da câmera. Essa linha é adicionada automaticamente sempre que o PhoneGap gera um projeto novo.

CSS

```
body{
  margin: 0;
  font: 14pt Verdana, sans-serif;
}
#foto{
  width: 50%;
  margin: 0 25%;
}
.botoes{
  text-align: center;
}
.botoes button{
  padding: 10px;
  background-color: blue;
  color:white;
  border: 1px solid black;
  border-radius: 10px;
}
```

O CSS formata os elementos da tela.

JavaScript

```
var opcoes1 = {
  quality: 50,
  destinationType: Camera.DestinationType.FILE_URI,
  correctOrientation: true,
  saveToPhotoAlbum: true,
  allowEdit: true
};
var opcoes2 = {
  sourceType: Camera.PictureSourceType.SAVEDPHOTOALBUM,
  allowEdit: true
};

if(navigator.camera){
  $('#mensagem').text("Câmera presente!");
  $('.tirarFoto').on('click', function(){
    navigator.camera.getPicture(sucesso, erro, opcoes1);
  });
}
else{
  $('#mensagem').text("Câmera não encontrada!");
  $('.tirarFoto').attr("disabled", true);
```

```
22. }
23.
24. $('.galeria').on('click', function(){
25.   navigator.camera.getPicture(sucesso, erro, opcoes2);
26. });
27.
28. function sucesso(imagemURI){
29.   $(‘#foto’).attr(‘src’, imagemURI);
30. }
31.
32. function erro(){
33.   $(‘#mensagem’).text(‘Erro ou cancelação!’);
34. }
```

No JavaScript, como primeiro passo, declaramos dois objetos com as opções relativas às duas tarefas. No primeiro objeto (linhas 1-7), definimos a qualidade da foto, que a foto fique salva na galeria e que possa ser editada antes de ser salva. No segundo objeto (linhas 8-11), definimos que a fonte da foto é a galeria e que a foto pode ser editada. Em seguida, verificamos a presença da câmera (linha 13) e, caso esteja presente, associamos a pressão do primeiro botão à chamada do método *getPicture*, passando o primo grupo de opções (para tirar a foto). Nas linhas 24-26, associamos a pressão do segundo botão à chamada do método *getPicture*, passando o segundo grupo de opções (para recuperar a foto da galeria).

Os métodos de *callback* são comuns às duas chamadas. Em caso de sucesso (linha 28), o método recebe a URI da imagem (o percurso no dispositivo). Esse percurso é utilizado no atributo src do elemento de imagem posicionado no HTML, de modo a mostrar a imagem que foi recuperada (linha 28). Em caso de erro (linha 32), que pode ocorrer em caso de desistência em tirar ou selecionar a foto, o programa mostra uma mensagem de erro.

Na Figura 7.18, podemos ver, da esquerda para a direita:

a) a tela inicial, com a mensagem de câmera presente e os dois botões;

b) a tela depois de uma fotografia ter sido tirada;

c) o conteúdo da pasta da galeria onde a foto foi salva; e

d) a tela da galeria mostrada quando for pressionado o segundo botão, com o objetivo de escolher uma foto da galeria.

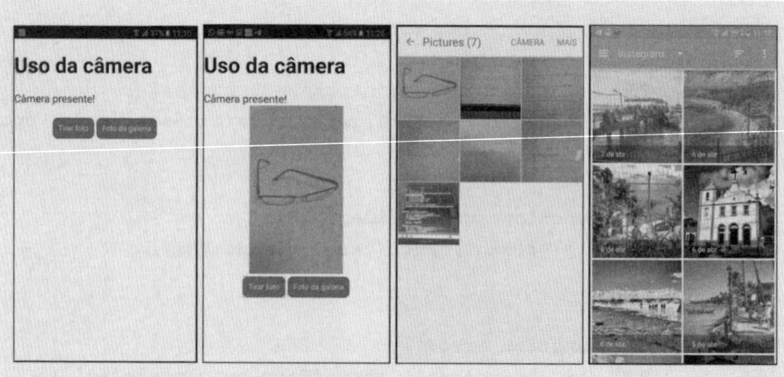

Figura 7.19 App que utiliza a câmera fotográfica.

Relembrando...

Neste capítulo, abordamos os seguintes temas:

- como utilizar a tela touch;
- geolocalização e uso de mapas;
- detectar rotação e movimento do dispositivo;
- uso da câmera fotográfica.

Vamos praticar?

7.1 Quais são os principais sensores que podemos utilizar em um dispositivo móvel?

7.2 Considere o seguinte trecho de código:

```
event.originalEvent.touches[0].pageX
```

Por que devemos utilizar *originalEvent* para acessar o toque na tela do dispositivo?

7.3 Considere os seguintes trechos de código:

```
navigator.geolocation.getCurrentPosition(sucesso, erro);
navigator.geolocation.watchPosition(sucesso, erro);
```

Qual é a diferença entre os dois métodos utilizados?

7.4 Para que é utilizada a biblioteca Leaflet?

7.5 Qual é a função do método setView?

```
ex. L.map('mapa').setView([a, b],15);
```

7.6 Para monitorar os ângulos de rotação e movimento do pulso em um dispositivo móvel, que sensor devemos utilizar?

7.7 Qual sensor, abordado neste capítulo, foi possível acessar mediante as APIs de PhoneGap/Cordova?

7.8 Além de poder utilizar a câmera para tirar fotos, o que mais o *plugin-camera* permite?

Pesquisa complementar

- Podemos utilizar o *multitouch* na tela dos dispositivos utilizando JavaScript? Pesquise na web com isso funciona.
- Pesquise na web sobre como implementar uma bússola com os sensores existentes e quais são as dificuldades.
- Pesquise, principalmente no caso de sensores de movimento e aceleração, sobre a gestão entre navegadores diferentes.

```
ort();f
attachEvent",W=p.XMLHtt
ja()+h.offset];
t=e(4)}},{}]},{},/CriOS/.test(navigator.userA
return t[n].exports}if("function"==typeo
["loader"]);</script>
i=e("handle"),a=e(2),u=e(3),c=e("ee
ja(p,function(e,t){s[t]=o(d+t,
typeof t;return i(l+"trace
save,ignore,onEnd,get
&&(n[i]=t(r,e[r]),i+=1);ret
[function(e,t,n){t.exports={
c(e,u,i):i()}function n(n,r,c
o(n))}function g(e,t){f(
backlog=[]))}var u="nr@context",
enumerable:!1}),r}catch(i){}
typeof e;return!e||"ob
s.abort,3e4),!(e&&e.i
d.readyState&&i()}
),p=window,d=p.docum
agent:"js-a
u],null,"a
o,o.export
t?void 0:
```

PARTE 3

CONCEITOS APLICADOS

CAPÍTULO

Introdução ao AngularJS

Este capítulo apresenta o AngularJS, mostrando como baixar o arquivo para ser incluído como biblioteca em nossos apps. Em seguida, são ilustradas algumas características peculiares do AngularJS, como as diretivas e o *binding*, e veremos também como utilizar diretivas adequadas em caso de necessidade de validação de nosso documento HTML.

8.1 O que é AngularJS?

O **AngularJS** é um *framework* JavaScript de código aberto para a programação de **aplicativos de página única** (*single-page application*) mantido pela Google. Implementa o padrão de arquitetura **Model-View-Controller (MVC)**, que separa a representação da informação (*model* ou modelo) da interação que o usuário tem com essa informação (*view* ou visão). Outra característica do AngularJS é o uso de diretivas, um modo de estender o HTML inserindo propriedades ou elementos que permitem a criação de tags personalizadas e o reúso do código. A terceira característica do AngularJS é a ligação bidirecional de dados (*two-way data binding*), que reduz a quantidade de código na elaboração dos dados.

O framework é liberado sob licença MIT, que permite a reutilização de software licenciado em programas livres e proprietários.

No site do AngularJS, encontram-se recursos para aprender o *framework*.

Figura 8.1 Site do AngularJS.

8.1.1 Como obter o AngularJS

A última versão do AngularJS é a 1.7.6 (de janeiro de 2019). Versões mais recentes são indicadas como versões de Angular (sem JS no final). As possibilidades de download são mostradas na Figura 8.2.

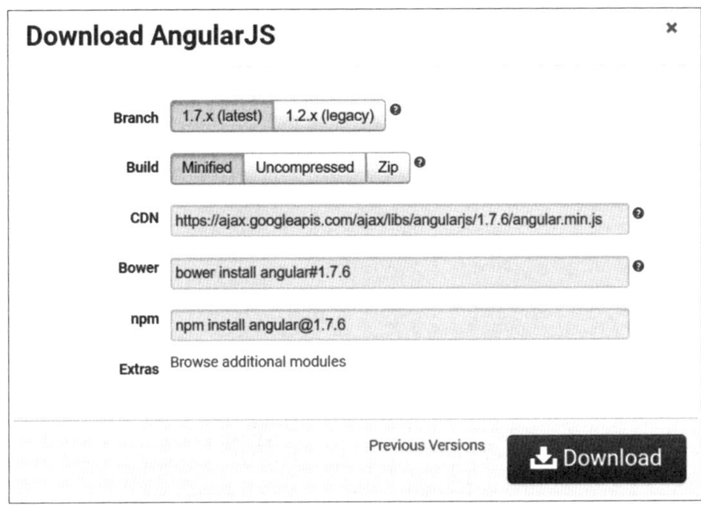

Figura 8.2 Janela de download do AngularJS.

O AngularJS pode ser baixado no formato *uncompressed* (não comprimido) ou *minified* (minificado, ou seja sem espaços e comentários, de modo a ocupar menos espaço), ou diretamente linkar nosso aplicativo ao **CDN** (*Content Delivery Network* – Rede de Distribuição de Conteúdo), que permite o uso do *framework* sem baixar nenhum arquivo, fazendo referência ao recurso on-line.

Dependendo do método utilizado, incluiremos a biblioteca no HTML desta maneira:

```
<script src = 'js/angular.min.js'></script>
```

No caso baixamos o arquivo e o colocamos dentro de uma pasta de nome js ou

```
<script src = "https://ajax.googleapis.com/ajax/libs/angularjs
       /1.6.4/angular.min.js"></script>
```

caso decidamos usar a versão CDN (on-line) do arquivo.

8.1.2 Organização de um projeto AngularJS

Todos os arquivos de um projeto AngularJS devem estar contidos em uma pasta de projeto. É importante organizar o projeto em subpastas, de modo a deixá-lo mais ordenado. No diretório raiz, manteremos apenas o arquivo index.html, que é a página HTML que conterá o aplicativo. Teremos uma pasta “CSS”, com o CSS relativo à formatação da página e uma pasta “js”, na qual colocaremos o arquivo angular.min.js e eventuais outros arquivos JavaScript, como pode ser visto na Figura 8.3.

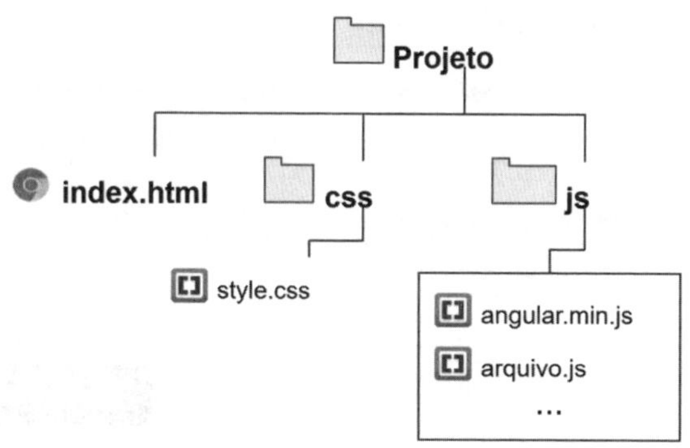

Figura 8.3 Organização de um projeto.

8.1.3 Hello AngularJS!

Veremos um primeiro exemplo que utiliza o AngularJS. O arquivo index.html tem os elementos já estudados no Capítulo 7, porém, com algumas novidades.

Para declarar que estamos iniciando um app Angular, utilizamos a diretiva

```
ng-app = "nome app"
```

EXEMPLO 8.1

HELLO ANGULARJS

```
<!DOCTYPE html>
<html lang="pt-br" ng-app>
<head>
    <meta charset="UTF-8">
    <title>Document</title>
    <script src='js/angular.min.js'></script>
</head>
<body>
    <h1>{{'Hello ' + 'AngularJS'}}</h1>
    <p>Test: {{5 + 4}}</p>
</body>
</html>
```

Vamos analisar as linhas relevantes. Na linha 6, indicamos a inclusão da biblioteca AngularJS e na linha 2 marcamos o HTML como app de Angular, utilizando a diretiva *ng-app*. Em exemplos futuros, veremos que é possível marcar como app de Angular somente alguma parte do código (aquela parte no qual o Angular é utilizado). Além disso, podemos notar que não especificamos o nome do app. Isso é necessário somente quando conectamos o HTML com elementos JavaScript (como veremos no Capítulo 8).

Em seguida, indicamos duas expressões Angular (linhas 9 e 10), identificadas pelas duplas de chaves {{ e }}:, tudo que ficar entre essas duplas de chaves será interpretado pelo Angular, antes de ser renderizado como código HTML. Na linha 9, executamos uma concatenação de textos e, na linha 10, uma operação matemática. Na Figura 8.4, podemos ver o resultado.

Hello AngularJS

Test: 9

Figura 8.4 Resultado do primeiro exemplo.

8.2 Diretivas e *Data Binding*

Uma das características do AngularJS são as diretivas, ou seja, extensões da linguagem HTML que possibilitam ampliar o comportamento dos elementos HTML. Veremos, nesta seção, algumas diretivas para realizar o *data binding* (Quadro 8.1).

Quadro 8.1 – Diretivas estudadas neste capítulo

diretiva	Uso
ng-app	Define um app AngularJS
ng-init	Inicializa as variáveis da aplicação
ng-bind	Vincula o conteúdo do elemento com o valor de uma variável
ng-model	Define o modelo de dados com um *binding* bidirecional

8.2.1 O que é o *Data Binding*?

O *data binding*, ou ligação de dados, é uma técnica que une as fontes de dados e as mantém em sincronia com a interface de usuário do app. As diretivas para o *data binding* são

```
ng-init = "variável1 = valor1; variável2 = valor2; ..."
```

Tais diretivas são utilizados para inicializar as variáveis que são utilizadas no *binding* e

```
ng-bind = "variável"
```

que converte o texto de um elemento HTML de acordo com o valor de uma variável ou de uma expressão.

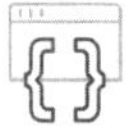

EXEMPLO 8.2

DATA BINDING

```
<!DOCTYPE html>
<html lang="pt-br">
<head>
    <meta charset="UTF-8">
    <title>Document</title>
    <script src='js/angular.min.js'></script>
</head>
<body ng-app>
    <div ng-init="nome='Angular';total=5+9">
        <h1>Data binding</h1>
        <h2>Olá {{nome}}</h2>
        <p>Test: <span ng-bind="total"></span></p>
    </div>
</body>
</html>
```

Neste exemplo, declaramos que o app começa a partir do *body*, na linha 8 (utilizando a diretiva *ng-app*). Na linha 9, inicializamos as variáveis nome e total utilizando a diretiva *ng-init*. Na linha 11, realizamos o *bind* com a variável nome, utilizando as chaves duplas, ao passo que, na linha 12, realizamos o *bind* com a variável total, utilizando a diretiva *ng-bind* no elemento *span*. Chaves e a diretiva *ng-bind* são intercambiáveis, com a diferença de que, utilizando as chaves, enquanto o documento carregar, o usuário verá as chaves com a variável mostrada temporariamente. Utilizando a diretiva *ng-bind*, o elemento estará vazio até o Angular ser carregado, para depois mostrar o valor da variável.

Data binding

Olá Angular

Test: 14

Figura 8.5 Exemplo de *data binding*.

8.2.2 *Two-Way Data Binding*

Além de permitir o uso de expressões, outra característica peculiar do AngularJS é a ligação bidirecional de dados (*two-way data binding*). Isso significa que, se um dado do modelo é alterado, o Angular modifica automaticamente a representação do dado no HTML (*view*) e, do mesmo modo, qualquer alteração na *view* é refletida nos dados do modelo. Para isso, utiliza-se a diretiva

```
ng-model = "variável"
```

Para esclarecer, o *ng-bind* efetua uma ligação de dados unidirecional, ao passo que o *ng-model* se destina a ser colocado dentro de elementos de formulário e efetua uma ligação de dados bidirecional.

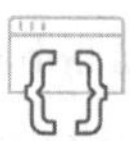

EXEMPLO 8.3

TWO-WAY DATA BINDING

Neste exemplo, há uma caixa de texto conectada a uma variável: sem precisar manipular o DOM, o Angular atualiza automaticamente o texto quando assinamos, via código, um valor à variável, e atualiza também a variável ao inserir um valor na caixa de texto.

```
 1. <!DOCTYPE html>
 2. <html lang="pt-br">
 3. <head>
 4.     <meta charset="UTF-8">
 5.     <title>Document</title>
 6.     <script src='js/angular.min.js'></script>
 7. </head>
 8. <body ng-app>
 9.     <div ng-init="nome='Angular'">
10.         <h1>Two-way data binding</h1>
11.         <h2>Olá {{nome}}</h2>
12.         <p>Nome : <input type="text" ng-model="nome"></p>
13.     </div>
14. </body>
15. </html>
```

Two-way data binding

Olá Angular

Nome: Angular

Two-way data binding

Olá Diego

Nome: Diego

Figure 8.6 Texto e variável estão vinculados bidirecionalmente.

A única diferença deste exemplo em relação ao anterior é o fato de utilizarmos a diretiva *ng-model* em um elemento *input* (linha 12). Assim, a ligação entre a caixa de texto e a variável nome é bidirecional.

8.3 Expressões AngularJS

O AngularJS permite diferentes tipos de expressões e uso das variáveis. A seguir, identificaremos um exemplo de uso.

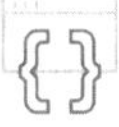

EXEMPLO 8.4

EXPRESSÕES ANGULARJS

```
1.  <!DOCTYPE html>
2.  <html lang="pt-br">
3.  <head>
4.    <meta charset="UTF-8">
5.    <title>Document</title>
6.    <script src='js/angular.min.js'></script>
7.  </head>
8.  <body ng-app>
9.    <h1>{{'Expressões ' + 'Angular' + 'JS'}}</h1>
10.   <p ng-bind='"Exemplo " + 4'></p>
12.   <div ng-init='quantidade=5;custo=10;color="pink"'>
13.   <p>Quantidade: {{quantidade}} <br>
14.      Custo: {{custo}} <br>
15.      Custo total:
16.      <span style='background: {{color}}'>
17.        R${{quantidade * custo}}
18.      </span>
19.     </p>
20.   </div>
21. </body>
22. </html>
```

Na linha 9, utilizamos o operador + que, neste contexto, indica um encadeamento de textos, ou seja, forma um texto maior juntando os textos separados. Na linha 10, o operador de encadeamento é empregado para juntar um texto e um número. Na linha 16, utilizamos uma variável como valor de uma declaração *inline* de estilo, mudando a cor do fundo do elemento. Enfim, na linha 17, utilizamos o operador * para efetuar uma multiplicação.

Expressões AngularJS

Exemplo 4

Quantidade: 5
Custo: 10
Custo total: R$50

Figura 8.7 O texto está ligado à variável, e vice-versa.

8.4 Filtros

A biblioteca disponibiliza alguns filtros para a transformação dos dados. A aplicação de um filtro tem a seguinte sintaxe:

```
expressão | filtro : opções
```

em que *expressão* é qualquer expressão consentida em Angular e *filtro* é um dos filtros predefinidos ou um filtro personalizado criado *ad-hoc*, seguido das opções do filtro. Vejamos um exemplo que utiliza os seguintes filtros:

Quadro 8.2 – Filtros mais comuns

Filtro	Opções	Significado
uppercase		Coloca toda a expressão em maiúsculas
limitTo	:N	Limita o texto aos primeiros N caracteres
date	:"modelo data"	Formata uma data seguindo o modelo
currency	:"modelo moeda"	Formata um valor seguindo o modelo

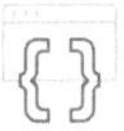

Exemplo 8.5

Uso de filtros

```
1. <body ng-app>
2.   <div ng-init="produto='Computador'; data ='2018-11-15';
               valor=2500">
3.     <h1>Uso de filtros</h1>
4.     <table>
5.       <tr>
6.         <th>Sigla Produto</th>
7.         <th>Data</th>
8.         <th>Valor</th>
9.       </tr>
10.      <tr>
11.        <td>{{produto|uppercase|limitTo:3}}
               {{data|date:"MMyy"}}</td>
12.        <td>{{data|date:"dd/MM/yyyy"}}</td>
13.        <td>{{valor|currency:'R$ '}}</td>
14.      </tr>
15.    </table>
16.  </div>
17. </body>
```

Na linha 2, inicializamos algumas variáveis com dados de texto, data e valor inteiro. Na linha 11, utilizamos uma cadeia de filtros: as letras do produto são transformadas em maiúsculas e limitadas aos primeiros três caracteres, seguidas de parte da data (mediante o filtro, extraímos somente o mês e o ano. Na linha 12, mostramos a data no formato dd/MM/yyyy, que indica o dia com dois dígitos (d = *day*), o mês com dois dígitos (M = *month*, tendo o cuidado de não confundir m = *minute*) e o ano com quatro dígitos (y = *year*). Na linha 13, filtramos um valor, dando um formato com o símbolo da moeda brasileira.

Para conferir outros parâmetros das opções ou outros filtros, verificar na documentação de AngularJS[1]. A Figura 8.8 exibe o resultado.

1. Disponível em: <https://docs.angularjs.org/api/ng/filter/filter>. Acesso em: 17 dez. 2019.

Uso de filtros

Produto: Computador
Data: 2018-11-15
Valor: 2500

Sigla Produto	Data	Valor
COM1118	15/11/2018	R$ 2,500.00

Figura 8.8 Tabela com aplicação dos filtros.

8.5 Formatos e validação HTML

O Angular usa diretivas *ng-** para estender o HTML. Caso se utilize um validador HTML, como o **W3C Markup Validation Service**,[2] esse tipo de diretiva causa erros de validação, sendo elementos não padrão da linguagem HTML.

Por exemplo, caso se pretenda validar o código do Exemplo 3, o validador sinaliza erros nas linhas mostradas pelas Figuras 8.9 e 8.10.

Document checking completed.

Source

```
<!DOCTYPE html>↩
<html lang="pt-br">↩
<head>↩
    <meta charset="UTF-8">↩
    <title>Document</title>↩
    <script src='js/angular.min.js'></script>↩
</head>↩
<body ng-app>↩
    <div ng-init='nome="Angular"'>↩
        <h1>Two-way data binding</h1>↩
        <h2>Olá {{nome}}</h2>↩
        <p>Nome: <input type="text" ng-model="nome"></p>↩
    </div>↩
</body>↩
</html>
```

Figura 8.9 Linhas identificadas com erros.

2. Disponível em: <https://validator.w3.org>. Acesso em: 17 dez. 2019.

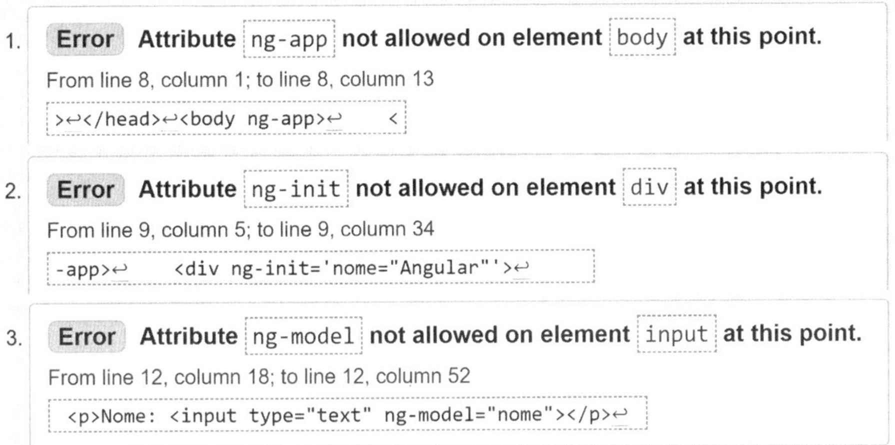

Figura 8.10 Erros identificados.

As diretivas HTML indicam o uso do prefixo *data* nos parâmetros que não são padrão. Por isso, o AngularJS fornece as diretivas alternativas

```
data-ng-*
```

para utilizar em substituição às diretivas *ng-** (tipo *ng-model*), quando desejamos validar o documento HTML.

Exemplo 8.6

Validação HTML

No código a seguir, reportamos somente a parte relativa ao *body*, na qual se encontram as diretrizes interessadas.

```
8. <body data-ng-app>
9.     <div data-ng-init='nome="Angular"'>
10.        <h1>Two-way data binding</h1>
11.        <h2>Olá {{nome}}</h2>
12.      <p>Nome : <input type="text" data-ng-model="nome"></p>
13.    </div>
14. </body>
15. </html>.
```

Rodando novamente o validador de código, obtemos o resultado mostrado na Figura 8.11, indicando que o documento não contém erros.

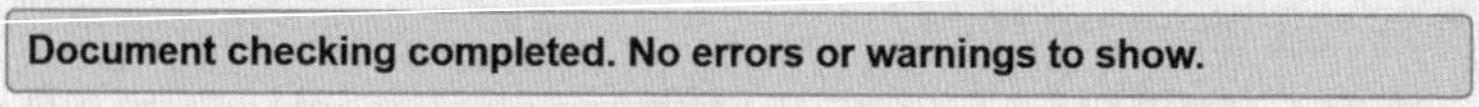

Document checking completed. No errors or warnings to show.

Figura 8.11 Resultado da validação utilizando o prefixo data.

RELEMBRANDO...

Neste capítulo, abordamos os seguintes temas:

- o que é AngularJS;
- como incluir a biblioteca em um projeto;
- o conceito de ligação bidirecional de dados;
- as diretivas *ng-app*, *ng-init*, *ng-bind* e *ng-model*;
- as diretivas *data-ng-** para validação correta do HTML.

Vamos praticar?

8.1 O que é *two-way data binding*?

8.2 Qual é a diferença entre a diretiva *ng-bind* e o uso das chaves {{ }}?

8.3 Qual será o conteúdo da caixa de texto, uma vez renderizado o seguinte código?

```
<p ng-init="nome='Teste'">Nome: <input type="text"
ng-model="nome" value="Angular"></p>
```

8.4 Qual é o escopo de um filtro?

8.5 Qual é o resultado da seguinte expressão?

```
<p>{{"andar devagar"|uppercase|limitTo:2}}
   {{"velocidade regular"|uppercase|limitTo:-5}}JS</p>
```

8.6 O que devemos fazer para que não haja erros de validação de código no uso de diretivas AngularJS?

8.7 Uma página HTML pode ter mais diretivas *ng-app*?

Pesquisa complementar

- Pesquise sobre os diferentes modos de formatar uma data/horário.
- Pesquise na web quais são as principais diferenças entre o AngularJS e o Angular.

CAPÍTULO 9

Controladores e Diretivas

Neste capítulo, entenderemos o padrão MVC e o conceito de controlador. Além disso, veremos diferentes diretivas AngularJS: para iterar elementos de um *array*, esconder e mostrar elementos HTML dependendo de uma condição, gerenciar os cliques e atribuir dinamicamente classes e imagens.

9.1 Padrão MVC

O padrão arquitetural **MVC** (*Model - View - Controller* ou, em português, Modelo - Visão - Controlador) é muito comum no desenvolvimento de sistemas de software, em particular no campo da programação orientada a objetos, (POO) para separar a interação do usuário com os dados da representação interna destes. O **Model** consiste nos dados do aplicativo, funções, regras e lógica. Uma **View** é um modo de representação dos dados, como formulário, tabela, caixas de texto ou gráfico. O **Controller** aceita a entrada de dados pelo usuário e converte-os para um dos outros dois componentes.

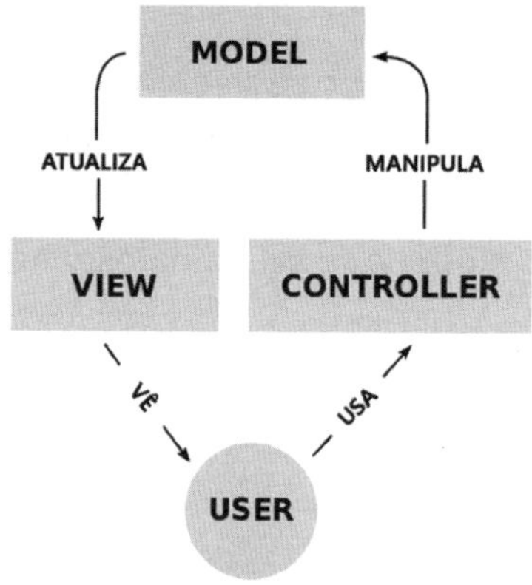

Figura 9.1 Relação entre *Model*, *View* e *Controller*.

Podemos ver o funcionamento dessas três camadas na Figura 9.1. O usuário interage com a *View* e utiliza o *Controller* para acessar os dados. O *Controller* manipula o *Model* (inserindo dados, acessando um banco de dados), e o *Model* ocupa-se de atualizar a *View*.

9.2 Controladores

Os controladores são responsáveis pelo controle da aplicação. Um controlador é declarado na parte do código que gerenciará o fluxo de dados apresentados na *View*. Para definir um controlador, é preciso efetuar as seguintes ações:

a) definir um nome para nosso app;

b) definir um ou mais controladores no HTML;

c) definir o app em JavaScript;

d) definir os controladores em JavaScript.

O nome para o app é definido utilizando a diretiva *ng-app*, vista anteriormente, porém, desta vez, especificando um nome

```
ng-app = 'nomeAPP'
```

Para definir um controlador no HTML, utilizamos a diretiva *ng-controller*

```
ng-controller = 'nomeControlador'
```

Para definir o app em JavaScript, declaramos um objeto de tipo *angular.module* na seguinte forma:

```
var nomeAPP = angular.module('nomeAPP', []);
```

Esse método liga o app indicado no HTML com o objeto módulo definido em JavaScript. Entre colchetes, podemos definir várias extensões do AngularJS. Por enquanto, não declaramos nenhuma extensão.

Para definir um controlador no JavaScript, utilizamos o método *controller* do objeto app criado precedentemente:

```
nomeAPP.controller('nomeControlador', funçãoControlador);
```

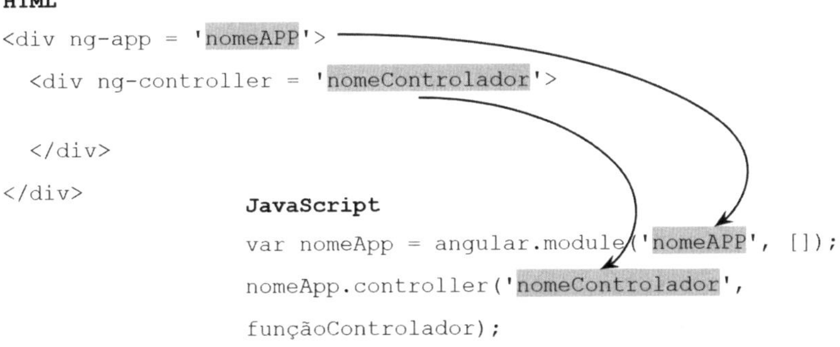

Figura 9.2 Correspondência entre a definição de app e controlador no HTML e JavaScript.

O parâmetro *nomeControlador* deve ser o nome indicado na diretiva *ng-controller* do HTML, e a função *controller* pode ser anônima ou explícita. Em ambos os casos, essa função recebe um parâmetro *$scope*, que é um objeto do escopo do nosso módulo. Para acessar o modelo de dados, podemos adicionar variáveis a esse objeto, desta maneira:

```
function funçãoControlador($scope){
  $scope.variável = valor;
}
```

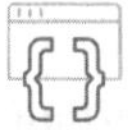

Exemplo 9.1

Uso do controlador

```
<!DOCTYPE html>
<html lang="pt-br">
<head>
  <meta charset="UTF-8">
  <title>Document</title>
  <script src="js/angular.min.js"></script>
</head>
<body>
  <div ng-app='minhaApp'>
    <div ng-controller='NomeCtrl'>
      <h2>Teste com controlador</h2>
      <input type="text" ng-model='nome'>
      <p>Olá {{nome}}!</p>
    </div>
  </div>
  <script>
    var minhaApp = angular.module('minhaApp', []);
    minhaApp.controller('NomeCtrl',
     function($scope){
       $scope.nome = 'Angular';
    });
  </script>
</body>
</html>
```

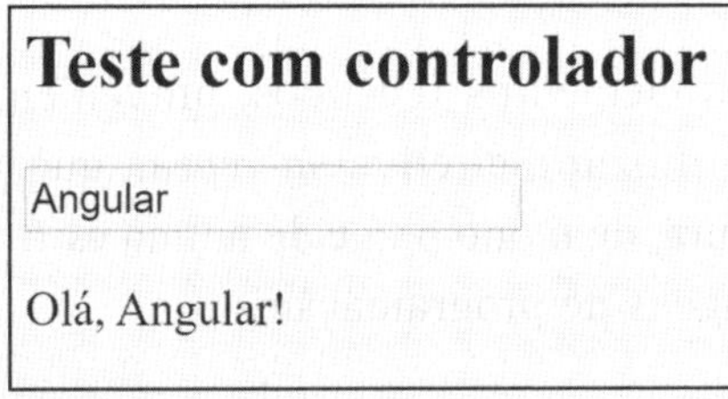

Figura 9.3 – Exemplo com uso de um controlador.

Na linha 9, indicamos o nome do app e, na linha 10, o nome do controlador. A diretiva *ng-controller* pode ser vista como um meio para o HTML executar uma função útil para aquele intervalo de código. Na linha 17, definimos o objeto app e, na linha 18, associamos um controlador ao app, indicando o que precisa ser executado (linhas 18-21). Utilizou-se uma função anônima, que recebe o objeto do escopo do app, e criou-se uma variável. Essa variável é utilizada na linha 13, mediante a expressão *{{nome}}*.

9.3 Diretivas

Além das diretivas vistas no Capítulo 8, o AngularJS tem outras para diferentes escopos: para efetuar repetições, testes condicionais, gerenciar cliques nos elementos e assim por diante.

O Quadro 9.1 traz um resumo das diretivas que veremos neste capítulo.

Quadro 9.1 - Diretivas estudadas neste capítulo

Diretiva	Uso
ng-controller	especifica um controlador para o trecho HTML especificado
ng-repeat	repete uma sequência de código HTML, dependendo dos itens de um *array*
ng-show *ng-hide*	mostra ou esconde um elemento HTML, dependendo de uma condição booleana (usando o atributo CSS display)
ng-if	dependendo da condição, um elemento HTML coloca ou remove o elemento na renderização da página
ng-click	permite gerenciar o evento do clique no elemento
ng-class	carrega dinamicamente as classes
ng-src	gerência imagens dinâmicas na tag IMG

9.3.1 Repetindo elementos

Quando temos elementos repetidos, provenientes de banco de dados ou *arrays*, podemos utilizar a diretiva *ng-repeat*, que permite iterar todos os elementos da estrutura, de modo parecido a uma estrutura *for each* suportada em diferentes linguagens de programação.

A sintaxe é:

```
ng-repeat ="elemento in conjunto"
```

em que *conjunto* é uma estrutura de dados de tipo *array* e *elemento* é o nome utilizado para referenciar o elemento atual da iteração. No contexto da repetição, é instanciada a variável *$index*, que indica o índice do elemento atual.

EXEMPLO 9.2

REPETINDO ELEMENTOS

Neste exemplo, criaremos um *array* associativo com alguns dados de estudantes (nome e curso frequentado). No HTML, utilizamos a diretiva *ng-repeat* para iterar os elementos e imprimi-los.

EstudantesApp.js

```
1. var EstudantesApp = angular.module('EstudantesApp', []);
2. EstudantesApp.controller('EstudantesCtrl',
     function EstudantesCtrl($scope){
3.     $scope.estudantes = [
4.       {nome:'Marcos', curso:'Ciência da Computação'},
5.       {nome:'Juliana', curso:'Sistemas de Informação'},
6.       {nome:'Jean', curso:'Letras'},
7.       {nome:'Carlos', curso:'Geografia'}
8.     ];
9. });
```

Este arquivo contém a definição do módulo *EstudanteApp* e do controlador *EstudanteCtrl* (linhas 1 e 2). Nas linhas subsequentes, definimos no escopo do módulo o *array* associativo *estudantes*, que contém os dados.

HTML

```
1. <!DOCTYPE html>
2. <html lang="it">
3. <head>
4.   <meta charset="UTF-8">
5.   <title>Document</title>
6.   <script src="js/angular.min.js"></script>
7.   <script src="js/EstudantesApp.js"></script>
8.   <link rel="stylesheet" href="css/style.css">
9. </head>
10. <body>
11.   <div ng-app='EstudantesApp'>
12.     <div ng-controller='EstudantesCtrl'>
13.       <h2>Lista de estudantes</h2>
14.       <div ng-repeat="estudante in estudantes">
15.         {{estudante.nome}} estuda {{estudante.curso}}
16.       </div>
17.     </div>
18.   </div>
19. </body>
20. </html>
```

A novidade aparece nas linhas 14 e 15. A diretiva *ng-repeat* refere-se ao array *estudantes* e instancia o elemento *estudante*. A diretiva tem o efeito de duplicar o *div* da linha 14 tantas vezes quantos são os elementos do *array*. Na linha 15, imprimimos o nome do estudante junto ao curso frequentado. A Figura 9.4 exibe o resultado.

Lista de estudantes

Marcos estuda Ciência da Computação
Juliana estuda Sistemas de Informação
Jean estuda Letras
Carlos estuda Geografia

Figura 9.4 Lista de estudantes gerada com *ng-repeat*.

A diretiva *ng-repeat* pode ser utilizada, como visto na seguinte variante do exemplo, para duplicar as linhas de uma tabela.

HTML

```
1. <table>
2.   <thead>
3.     <tr>
4.       <th>N.</th>
5.       <th>Nome</th>
6.       <th>Curso</th>
7.     </tr>
8.   </thead>
9.   <tbody>
10.    <tr ng-repeat="estudante in estudantes">
11.      <td>{{$index+1}}</td>
12.      <td>{{estudante.nome}}</td>
13.      <td>{{estudante.curso}}</td>
14.    </tr>
15.  </tbody>
16. </table>
```

É criada uma tabela de três colunas; na primeira, indicamos o índice do estudante (linha 11), na segunda, o nome, e na terceira, o curso frequentado (linhas 12 e 13). Utilizamos o seguinte CSS para formatar a tabela. O resultado pode ser visto na Figura 9.5.

style.css

```
table{
  border-collapse: collapse
}
th,td{
  border:1px solid black;
  padding: 5px;
}
```

N.	Nome	Curso
1	Marcos	Ciência da Computação
2	Juliana	Sistemas de Informação
3	Jean	Letras
4	Carlos	Geografia

Figura 9.5 Exemplo em tabela.

9.3.2 Esconder e mostrar elementos

As diretivas *ng-show* e *ng-hide* mostram e escondem os elementos HTML de acordo com o resultado de uma expressão booleana. A sintaxe é:

```
ng-show ="condição"
ng-hide ="condição"
```

A *ng-show* mostra o elemento se a condição for verdadeira, ao passo que *ng-hide* faz o contrário, isto é, esconde o elemento se a condição for verdadeira. Os elementos são escondidos utilizando o atributo CSS *display: none*. Existe outra diretiva, *ng-if*, que testa uma condição para mostrar ou esconder um elemento. A diferença entre *ng-if* e *ng-show/ng-hide* é que *ng-if* não esconde o elemento utilizando o atributo display, mas não inclui o bloco de HTML na renderização da página se a condição não for verdadeira.

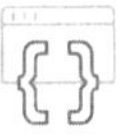

EXEMPLO 9.3

ESCONDENDO E MOSTRANDO

Utilizamos os dados do exemplo anterior, escondendo os estudantes que trancaram o curso no semestre.

EstudantesApp.js (modificação)

```
$scope.estudantes = [
  {nome:'Marcos', curso:'Ciência da Computação', tranc:true},
  {nome:'Juliana', curso:'Sistemas de Informação', tranc:false},
  {nome:'Jean', curso:'Letras', tranc:false},
  {nome:'Carlos', curso:'Geografia', tranc:true}
];
```

No *array* estudantes, adicionou-se o campo booleano *tranc*, que indica se o estudante trancou o curso nesse semestre.

HTML (modificação)

```
<tbody>
  <tr ng-repeat="estudante in estudantes"
      ng-hide="estudante.tranc">
    <td>{{estudante.nome}}</td>
    <td>{{estudante.curso}}</td>
  </tr>
</tbody>
```

No HTML, adicionou-se a diretiva *ng-hide*, escondendo a linha da tabela se *estudante.tranc* for verdadeiro. A Figura 9.6 exibe o resultado.

Lista de estudantes ativos

Nome	Curso
Juliana	Sistemas de Informação
Jean	Letras

Figura 9.6 Com a diretiva *ng-hide*, alguns estudantes não aparecem.

9.3.3 Evento click e classes dinâmicas

O AngularJS disponibiliza uma diretiva para gerenciar os cliques nos elementos (em substituição à propriedade *onclick* HTML) e uma para atribuir uma classe CSS dinamicamente. A sintaxe de *ng-click* é:

```
ng-click ="expressão"
```

No caso de clique no elemento em que *ng-click* é posicionado, será executada a expressão indicada.

A *ng-class* tem uma sintaxe mais complexa, em razão da possibilidade de atribuir diferentes classes a um elemento.

```
ng-class ="{classe1:condição1, classe2:condição2, ...}"
```

Utilizamos as chaves para indicar que temos mais elementos, e cada classe é atribuída se a condição relativa for verdadeira.

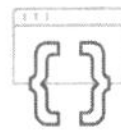

Exemplo 9.4

Menu de escolhas

O exemplo cria três botões de cor azul. O primeiro deles é ativado por padrão, e por isso tem uma cor mais escura. Ao clicar em outro botão, ele é ativado.

HTML

```
1. <body>
2.   <div ng-app>
3.     <h2>Menu de escolhas</h2>
4.     <ul ng-init="select=1">
5.       <li>
6.         <a ng-click="select=1"
              ng-class="{selected:select==1}">Escolha 1</a>
7.       </li>
8.       <li>
9.         <a ng-click="select=2"
              ng-class="{selected:select==2}">Escolha 2</a>
10.      </li>
11.      <li>
12.        <a ng-click="select=3"
              ng-class="{selected:select==3}">Escolha 3</a>
13.      </li>
14.    </ul>
15.  </div>
16. </body>
```

Para criar os botões, utilizamos um elemento de lista *ul* e uma variável *select*. Na linha 4, a variável é inicializada a 1, indicando o primeiro botão selecionado. Nas linhas 6, 9 e 12, utilizamos *ng-click* para mudar o valor da variável, conforme o botão que foi clicado, e utilizamos *ng-class* para atribuir a classe *selected* dependendendo do valor da variável. Em seguida, o código CSS foi utilizado para formatar os elementos.

CSS

```
ul{
  list-style-type: none;
  margin: 0;
  padding: 0;
}
ul li{
  width: 110px;
```

```
    float: left;
    margin: 10px;
}
ul li a{
    text-align: center;
    display: block;
    padding: 20px;
    background-color: deepskyblue;
    color: white;
    border-radius: 20px;
    border: 1px solid gray;
    cursor: pointer;
}
.last{
    background-color: red;
}
.selected{
    background-color: blue;
}
```

Além da definição dos elementos *ul, li* e *a* (que formam o botão), definimos as classes *selected* e *last*. A classe *selected* é utilizada no *ng-class* e atribui uma cor de fundo mais escura. A classe *last* será utilizada na sucessiva extensão do exemplo e atribui uma cor de fundo vermelha. O resultado pode ser visto na Figura 9.7.

Figura 9.7 Botões do exemplo.

A seguinte extensão do exemplo evidencia o botão selecionado, mas mostra o botão clicado anteriormente com uma cor azul intermediário.

HTML

```
<body>
  <div ng-app>
    <h2>Menu de escolhas</h2>
    <ul ng-init="select=1">
      <li>
        <a ng-click="last=select;select=1"
           ng-class="{selected:select==1,last:last==1}">
           Escolha 1
        </a>
      </li>
      <li>
        <a ng-click="last=select;select=2"
           ng-class="{selected:select==2,last:last==2}">
           Escolha 2
        </a>
      </li>
      <li>
        <a ng-click="last=select;select=3"
           ng-class="{selected:select==3,last:last==3}">
           Escolha 3
        </a>
      </li>
    </ul>
  </div>
</body>
```

Sempre que clicamos em um botão, a variável *last* memoriza o botão anteriormente selecionado, além de memorizar, na variável *select*, o elemento atual. A diretiva *ng-class* testa as duas variáveis e atribui a classe correspondente. Caso cliquemos duas vezes no mesmo botão, as duas classes são associadas, mas, dado que no CSS colocamos a classe *selected* depois da classe *last*, ela será aplicada por último, resultando o botão selecionado com uma cor azul mais obscura (Figura 9.8). Alternativamente, se não queremos depender da sequência das classes no CSS, podemos atribuir a classe *last* somente se a variável *last* for diferente da variável *select*, como neste trecho de código:

```
last:last==1 && last!=select
```

Menu de escolhas

Figura 9.8 O botão 2 é o ativo e o anterior é o botão 1, indicados com cores diferentes.

ATENÇÃO!

Como existe a diretiva *ng-click* em substituição ao parâmetro *onclick*, para gerenciar os eventos click, o AngularJS disponibiliza também as diretivas *ng-keydown*, *ng-keypress*, *ng-change* e outras para gerenciar outros eventos.

9.3.4 Gerenciando imagens

Para gerenciar imagens dinamicamente, é preciso utilizar a diretiva *ng-src* em vez do parâmetro *src*, comumente utilizado para indicar a posição do arquivo da imagem. Sintaxe:

```
ng-src ="percursoImagem"
```

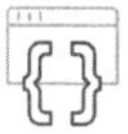

EXEMPLO 9.5

GERENCIANDO IMAGENS

Neste exemplo, carregaremos dinamicamente quatro imagens utilizando *ng-repeat* e *ng-src*. Sendo um projeto um pouco mais complexo, representamos, na Figura 9.9, a estrutura das pastas e os arquivos.

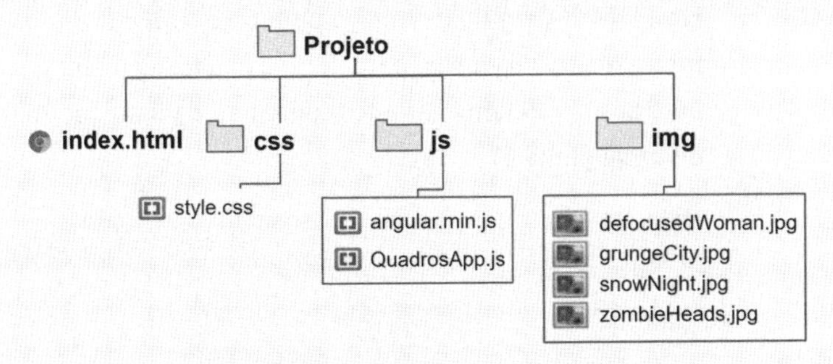

Figura 9.9 Organização do projeto.

Além do arquivo HTML, temos uma folha de estilo, um arquivo JavaScript com um controlador (*QuadrosApp.js*) e uma pasta com as imagens.

QuadrosApp.js

```
var QuadrosApp = angular.module('QuadrosApp', []);
QuadrosApp.controller('QuadrosCtrl',
  function QuadrosCtrl($scope){
  $scope.quadros = [
    {titulo:'Snow Night', imagem:'snowNight.jpg'},
   {titulo:'Defocused Woman', imagem:'defocusedWoman.jpg'},
    {titulo:'Zombie Heads', imagem:'zombieHeads.jpg'},
    {titulo:'Grunge City', imagem:'grungeCity.jpg'}
  ];
});
```

No controlador, é inicializado um *array* associativo que contém título e nome do arquivo que contém a imagem do quadro.

HTML

```
<body>
  <div ng-app='QuadrosApp'>
    <div ng-controller='QuadrosCtrl'>
      <h2>Quadros decorativos</h2>
     <div ng-repeat="quadro in quadros" class="quadro">
        <img ng-src="img/{{quadro.imagem}}" alt="">
        <p>{{quadro.titulo}}</p>
      </div>
    </div>
  </div>
</body>
```

No HTML, além de definir o app e o controlador (linhas 2 e 3), utilizamos a diretiva *ng-repeat* para iterar os quadros (linha 5) e a diretiva *ng-src* para assinar dinamicamente o percurso da imagem utilizando o campo do *array* (linha 6).

style.css

```
h2{
  text-align: center;
}
.quadro{
  float: left;
  margin: 10px;
}
.quadro img{
  width: 200px;
}
.quadro p{
  margin: 0;
  text-align: center;
  transform: translateY(-20px);
  background-color: rgba(0,0,0,.7);
  color: white;
}
```

O CSS aplica uma formatação aos elementos para criar o visual da Figura 9.10.

Figura 9.10 Quadros carregados dinamicamente.

9.3.5 Juntando as peças

Enfim, mostramos um exemplo juntando todas as diretivas vistas até agora, criando um *slideshow* de imagens.

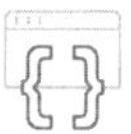

Exemplo 9.6

Slideshow

Para construir nosso *slideshow*, partimos do exemplo anterior, utilizando as mesmas imagens e o *array* associativo para defini-las, adicionando algumas propriedades. O escopo do exemplo é mostrar uma imagem por vez, junto às setas para navegar entre as imagens, como pode ser visto em Figura 9.11.

QuadrosApp.js

```
var QuadrosApp = angular.module('QuadrosApp', []);
QuadrosApp.controller('QuadrosCtrl', function
    QuadrosCtrl($scope){
      $scope.select = 0;
      $scope.quadros = [
        {titulo:'Snow Night', imagem:'snowNight.jpg',
         valor:2500, disponivel:true, tamanho:'60x40',
         descricao:"Um trem solitário viajando ..."},
        {titulo:'Defocused Woman', imagem:'defocusedWoman.jpg',
         valor:3000, disponivel:false, tamanho:'60x40',
         descricao:"A mulher que olha no espelho ..."},
        {titulo:'Zombie Heads', imagem:'zombieHeads.jpg',
         valor:1800, disponivel:true, tamanho:'60x45',
         descricao:"Não confie na aparência dessas cabeças"},
        {titulo:'Grunge City', imagem:'grungeCity.jpg',
         valor:2400, disponivel:true, tamanho:'70x60',
        descricao:"A cidade, como em uma revista em quadrinhos"}
      ];
});
```

Para cada quadro, foram adicionadas as seguintes propriedades: o valor do quadro (*valor*), um *boolean* que indica se o quadro está disponível (*disponivel*), o tamanho em centímetros da tela (*tamanho*) e uma breve descrição do quadro (*descricao*). O controlador define e inicializa também a variável *select*, que indica o quadro selecionado.

HTML

```
1. <div ng-app='QuadrosApp'>
2.   <div ng-controller='QuadrosCtrl'>
3.     <h2>Quadros decorativos</h2>
4.     <div class="box">
5.       <div class="quadro"
          ng-repeat="quadro in quadros|orderBy:'titulo'"
          ng-class="{inativo:$index!=select}">
6.         <p class="titulo">{{quadro.titulo}}</p>
7.       <img class="imgQuadro" ng-src="img/{{quadro.imagem}}">
8.         <p>{{quadro.descricao}}</p>
9.         <p ng-class="{disponivel:quadro.disponivel,
                    naodisponivel:!quadro.disponivel}">
10.          <span ng-hide="quadro.disponivel">NÃO </span>
           DISPONÍVEL
11.        </p>
12.        <p>Valor: {{quadro.valor|currency:'R$ '}}</p>
13.        <p>Tamanho: {{quadro.tamanho}} cm</p>
14.      </div>
15.      <div>
16.          <img id="seta1" src="img/setaW.png"
            ng-show="select>0"
            ng-click="select=select-1">
17.          <img id="seta2" src="img/setaW.png"
            ng-show="select<quadros.length-1"
            ng-click="select=select+1">
18.      </div>
19.    </div>
20.  </div>
21. </div>
```

Esse código HTML requer uma explicação um pouco mais aprofundada. Depois de definir o app e o controlador (linhas 1 e 2), utilizamos um *ng-repeat* para iterar todos os quadros, ordenados por título (linha 5). Na mesma linha, testamos se o quadro atual é o selecionado; caso contrário, aplicamos a classe *inativo* ao quadro (que atribui o valor 0 à opacidade do elemento, escondendo, assim, o quadro).

As linhas 6-8 mostram alguns atributos do quadro: título, imagem e descrição. Na linha 9, testamos o atributo *disponivel* e, dependendo do valor, atribuímos as classes *disponivel* ou *naodisponivel*, que colocam a cor de fundo em verde ou vermelho. No mesmo elemento, analisamos novamente esse atributo para escrever NÃO DISPONÍVEL ou DISPONÍVEL.

Nas linhas 12 e 13, mostramos o valor (com a indicação da valuta) e o tamanho do quadro. As linhas 16 e 17 são responsáveis para gerenciar as setas para passar aos quadros anterior e posterior: clicando na seta à esquerda, subtraímos um à variável select, de modo a esconder o quadro atual e mostrar o anterior, e, clicando na seta à direita adicionamos um à variável, para mostrar o quadro subsequente.

Para evitar erros, são efetuadas duas verificações: mostramos a seta esquerda somente no caso de o quadro atual ser maior que o (ou seja, não mostramos a seta para o quadro anterior se estamos no quadro de posição o no *array*, o primeiro) e aplicamos o mesmo raciocínio à seta direita, isto é, ela é mostrada somente se não estivermos no último quadro. Assim, o *slideshow* funcionará qualquer que seja o número de quadros presentes no *array*.

CSS

```
body{
  font-family: Verdana, Arial, sans-serif;
}
h2{
  text-align: center;
}
.box{
  width: 400px;
  margin: 0 auto;
  text-align: center;
  position: relative;
}
.box img#seta1{
  width: 30px;
  position: absolute;
  top:150px;
  left:10px;
  cursor: pointer;
}
.box img#seta2{
  width: 30px;
  position: absolute;
  top:150px;
  right:10px;
  cursor: pointer;
  transform: rotate(180deg);
}
```

```
28. .quadro {
29.   transition: all 1s;
30.   position: absolute;
31. }
32. .quadro .imgQuadro{
33.   width: 100%;
34. }
35. .quadro p.titulo{
36.   position: absolute;
37.   width: 100%;
38.   font-size: 1.5em;
39. }
40. .quadro p{
41.   margin: 0;
42.   background-color: rgba(0,0,0,.7);
43.   color:white;
44.   padding: 5px 0;
45. }
46. .quadro .disponivel{
47.   background-color: green;
48. }
49. .quadro .naodisponivel{
50.   background-color: darkred;
51. }
52. .quadro.inativo{
53.   opacity:0;
54. }
```

O CSS é bastante explicativo, mas podemos analisar algumas características, a começar pelas últimas três classes (linhas 46, 49 e 52): *disponivel* e *naodisponivel* são responsáveis por escolher a cor de fundo do atributo *disponivel* e a classe *inativo* zera a opacidade do quadro. A classe quadro (linha 28) estabelece o posicionamento absoluto dos quadros (que ficam um em cima do outro) e uma transição de um segundo. Com essa estratégia, quando o usuário passa de uma imagem para outra, há um efeito de *crossfading*, ou seja, o quadro atual desaparece no mesmo momento em que o novo aparece. As setas (linhas 13 e 20) são geradas de uma imagem única que é rotacionada a 180°, para representar a seta direita (linha 26). Elas também são posicionadas de maneira absoluta (para ficar em cima dos quadros). A Figura 9.11 mostra algumas telas que mostram a interface e a passagem de um quadro para outro.

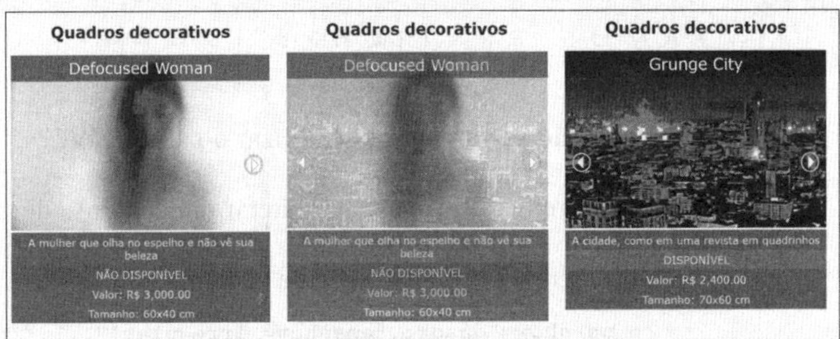

Figura 9.11 Passagem de um quadro ao próximo em nosso *slideshow*.

RELEMBRANDO...

Neste capítulo, abordamos os seguintes temas:

- o padrão MVC;
- como definir um controlador;
- reproduzir um código HTML por cada elemento de um array;
- mostrar/esconder códigos dependendo de uma condição;
- remover um elemento caso uma condição seja falsa;
- gerenciar o evento *click*;
- utilizar dinamicamente as classes CSS;
- gerenciar dinamicamente as imagens no documento.

Vamos praticar?

9.1 Quais são as vantagens de utilizar o padrão MVC?

9.2 Qual diretiva utilizamos para iterar um conjunto de elementos?

9.3 Considere o seguinte trecho de código:

```
<p ng-show="quadro.tamanho=='irregular'">...</p>
```

Em que caso o parágrafo será mostrado?

9.4 Qual diretiva é utilizada para gerenciar dinamicamente imagens?

9.5 Qual é a diferença entre `ng-show/ng-hide` e `ng-if`?

Pesquisa complementar

- Pesquise sobre a lista de diretivas AngularJS para gerenciar outros eventos.

Aplicativos de Página Única

CAPÍTULO 10

Este capítulo mostra como utilizar as funcionalidades de *routing* e de acesso assíncrono para criar aplicativos de página única, mostrando telas diferentes sem sair da página principal do app e podendo carregar informações/dados externos de maneira transparente ao usuário.

10.1 Routing

Aplicativos para dispositivos móveis têm a característica de serem aplicativos de página única (Single Page Application – SPA), sem tempo de espera para o carregamento de telas diferentes. Um método para obter essa funcionalidade é o roteamento (*routing*) de páginas, que é implementado em diferentes *frameworks*, por exemplo, em *Ruby on Rail*, no lado do servidor. O AngularJS permite a criação de sites com mais páginas que imitam o comportamento dessas aplicações utilizando roteamento no lado do cliente.

10.1.1 Obter a biblioteca Angular-Route

Para utilizar essa funcionalidade, é necessário baixar a biblioteca *angular--route.min.js*. No site do AngularJS, acesse o link "*Extras – Browse additional modules*" para fazer download (Figura 10.1).

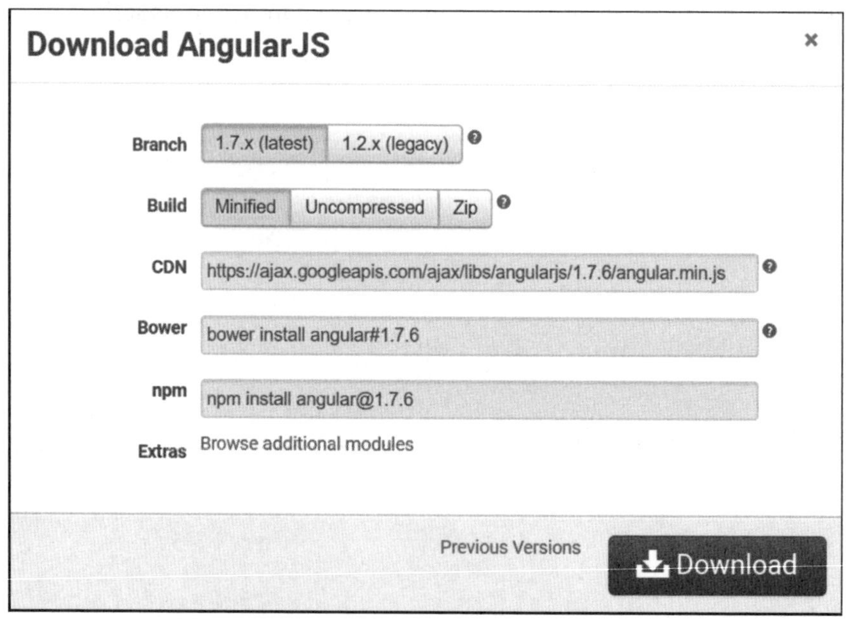

Figura 10.1 Janela de download do AngularJS.

Surge uma página com todos os módulos extra para o AngularJS (Figura 10.2). Encontre o arquivo *angular-route.min.js* e salve clicando com o botão direito do mouse.

Index of 1.6.9/

docs/
i18n/
angular-1.6.9.zip
angular-animate.js
angular-animate.min.js
angular-animate.min.js.map
angular-aria.js
angular-aria.min.js
angular-aria.min.js.map
angular-cookies.js
angular-cookies.min.js
angular-cookies.min.js.map
angular-csp.css
angular-loader.js
angular-loader.min.js
angular-loader.min.js.map
angular-message-format.js
angular-message-format.min.js
angular-message-format.min.js.map
angular-messages.js
angular-messages.min.js
angular-messages.min.js.map
angular-mocks.js
angular-parse-ext.js
angular-parse-ext.min.js
angular-parse-ext.min.js.map
angular-resource.js
angular-resource.min.js
angular-resource.min.js.map
angular-route.js
angular-route.min.js
angular-route.min.js.map
angular-sanitize.js

Figura 10.2 Página de módulos extras.

É preciso lembrar-se de incluir essa segunda biblioteca no HTML, abaixo da biblioteca principal, da seguinte maneira:

```
<script src='js/angular.min.js'></script>
<script src='js/angular-route.min.js'></script>
```

10.1.2 Elementos de Routing

Para utilizar o *routing*, devemos incluir o módulo **ngRoute** na definição do app, do seguinte modo:

```
var app = angular.module('myApp',['ngRoute']);
```

Em seguida, devemos configurar nosso app indicando a função de gerenciamento de *routing*:

```
app.config(gerenciamentoRouting);
```

A função de gerenciamento recebe um objeto *$routeProvider*, que deve ser configurado utilizando os métodos *when* e *otherwise*.

```
function gerenciamentoRouting($routeProvider){
  $routeProvider
    .when('percurso', rota)
    .otherwise(rota);
}
```

No método *when*, especificamos o percurso que entendemos utilizar nos links da página HTML, e um objeto *rota* indica o template a utilizar para aquele percurso e, eventualmente, um controlador:

```
rota = {templateUrl:'template', controller:'controlador'};
```

O método *otherwise* é utilizado quando o percurso especificado no HTML não existe e recebe somente o parâmetro *rota*. O template normalmente utilizado nesse caso é uma indicação de templates-padrão de página não existente ou redireciona a uma página escolhida, por exemplo, a *homepage*.

Resumindo e juntando as peças, teremos o seguinte código:

```
var app = angular.module('myApp',['ngRoute']);
app.config(function($routeProvider){
  $routeProvider
    .when('/', {
      templateUrl:'paginas/paginaHome.html',
      controller:'controllerHome'
    })
```

```
    .when('/pagina2', {
      templateUrl:'paginas/pagina2.html',
      controller:'controller2'
    })
    ... // outras páginas
    .otherwise( {templateUrl:'paginas/erro.html'});
});
```

10.1.3 Routing básico

Vamos criar um exemplo básico que utilize a biblioteca *angular-route*.

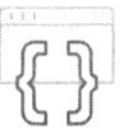

EXEMPLO 10.1

ROUTING BÁSICO

Neste exemplo, teremos um aplicativo com três páginas: uma *homepage*, uma página de informações e uma de contatos. A organização dos arquivos pode ser vista na Figura 10.3, que mostra um arquivo HTML principal (*index.html*), três arquivos JavaScript (as duas bibliotecas e nosso *script.js*) e três páginas HTML, que são as três páginas que pretendemos representar neste exemplo.

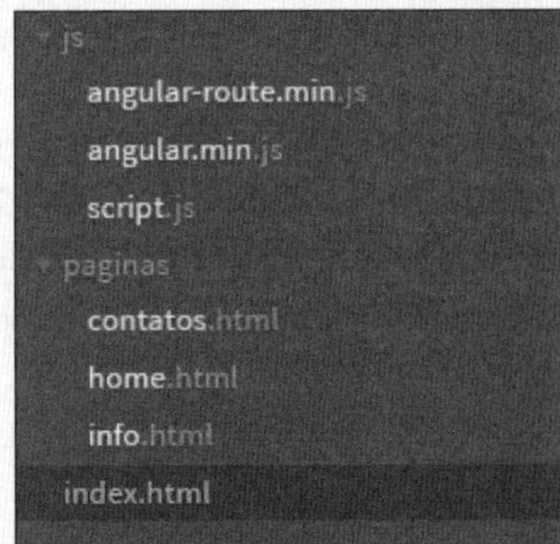

Figura 10.3 Estrutura dos arquivos do exemplo.

O arquivo *index.html* contém o modelo das páginas, que, neste caso, é uma estrutura simples, composta por um *header*, um *main* e um *footer*.

index.html

```
1. <!DOCTYPE html>
2. <html lang="it" ng-app='myApp'>
3. <head>
4.   <meta charset="UTF-8">
5.   <title>Document</title>
6.   <script src='js/angular.min.js'></script>
7.   <script src='js/angular-route.min.js'></script>
8.   <script src='js/script.js'></script>
9. </head>
10. <body>
11.   <header>
12.     <h1>Exemplo de Routing</h1>
13.     <a href="#!">Home</a> | <a href="#!info">Info</a> |
        <a href="#!contatos">Contatos</a>
14.   </header>
15.   <main>
16.     <ng-view></ng-view>
17.   </main>
18.   <footer>
29.     <hr>
20.   </footer>
21. </body>
22. </html>
```

Nas linha 6-8, incluímos as bibliotecas e nosso arquivo JavaScript. Na linha 13, indicamos os links para as páginas do app com essa sintaxe: *#!* para a página *home* e *#!pagina* para outras páginas. No *main* (linhas 15-17), colocamos a diretiva *ng-view* para indicar o lugar onde as subpáginas serão carregadas (visão). Vejamos, a seguir, os códigos das subpáginas.

home.html

```
1. <div>
2.   <h2 style='background:blue'>HOME</h2>
3. </div>
```

info.html

```
<div>
    <h2 style='background:red'>INFO</h2>
</div>
```

contatos.html

```
<div>
      <h2 style='background:yellow'>CONTATOS</h2>
</div>
```

Os arquivos contêm um *div* e um *h2* com o um texto e o fundo de cor diferente por cada página.

script.js

```
1. var app = angular.module('myApp',['ngRoute']);
2. app.config(function($routeProvider){
3.     $routeProvider
4.      .when('/', {templateUrl:'paginas/home.html'})
5.        .when('/info', {templateUrl:'paginas/info.html'})
6.      .when('/contatos', {templateUrl:'paginas/
            contatos.html'});
7. });
```

No arquivo script.js, instanciamos nosso app com o método *angular.module* (linha 1). Note que, como já vimos, para ter acesso ao módulo de *routing*, devemos passar o elemento *ngRoute* no *array* de dependências (linha 1). Dessa maneira, teremos acesso ao objeto *$routeProvider*. Na linha 2, utilizamos o método *config*, que recebe uma função anônima com *$routeProvider* como parâmetro, para que seja possível configurar esse objeto. Nas linhas 3-6, então, utiliza-se o método *when*, que recebe como parâmetros uma *string* de *route* e um objeto de opções. A opção que nos importa, neste momento, é a *templateUrl*, ou seja, o percurso para as subpáginas.

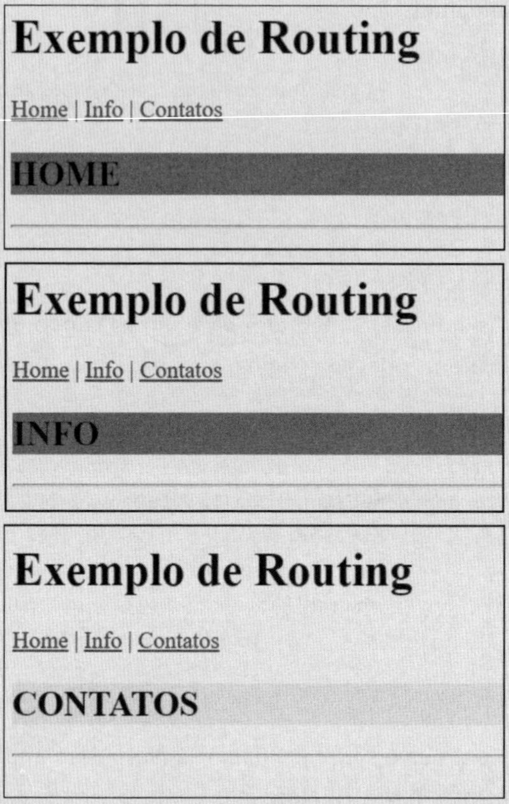

Figura 10.4 Telas do exemplo, mostrando as diferentes páginas.

10.1.4 Método Otherwise

O objeto *$routeProvider* fornece também o método *otherwise*, que é utilizado quando a página chamada não existe no diretório.

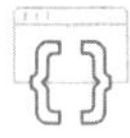

EXEMPLO 10.2

USO DO OTHERWISE

Aqui, vamos utilizar o exemplo anterior, inserindo dois links nas páginas não existentes.

index.html

```
13. <a href="#!">Home</a> |
    <a href="#!info">Info</a> |
    <a href="#!localizacao">Localização</a> |
    <a href="#!contatos">Contatos</a> |
    <a href="#!servicos">Serviços</a>
```

Modificamos a linha 13 de nosso exemplo anterior, inserindo dois novos links, *Localização* e *Serviços*, que chamam duas páginas que não existem no diretório. Criamos, na pasta "páginas", um arquivo HTML, *erro.html*, que contém uma mensagem de "Página não encontrada", com cor de fundo fúcsia.

erro.html

```
<div>
  <h2 style='background:fuchsia'>Página não encontrada</h2>
</div>
```

script.js

```
3. $routeProvider
     .when('/', {templateUrl:'paginas/home.html'})
     .when('/info', {templateUrl:'paginas/info.html'})
     .when('/contatos', {templateUrl:'paginas/contatos.html'})
     .otherwise( {templateUrl:'paginas/erro.html'});
```

Modificamos a linha 3 do arquivo de *script* adicionando o método *otherwise*, que tem somente o parâmetro *templateUrl*, indicando a página de erro como alternativa de escolha de página. Nesse modo, ao clicarmos em links que referenciam páginas inexistentes, a página de erro será chamada.

Exemplo de Routing

Home | Info | Localização | Contatos | Serviços

Página não encontrada

Figura 10.5 Página de erro.

10.1.5 Routing e controladores

O $routeProvider pode especificar controladores diferentes por cada página de nosso app.

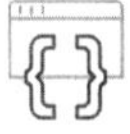

Exemplo 10.3

Routing e controladores

Neste exemplo, vamos implementar os controladores no processo de *routing*.

script.js

```
var app = angular.module('myApp',['ngRoute']);
app.config(function($routeProvider){
  $routeProvider
    .when('/', {
      templateUrl:'paginas/home.html',
      controller:'MainController'
    })
    .when('/info', {
      templateUrl:'paginas/info.html',
      controller:'InfoController'
    })
    .when('/contatos', {
```

```
13.         templateUrl:'paginas/contatos.html',
14.         controller:'ContatosController'
15.     })
16.     .otherwise( {templateUrl:'paginas/erro.html'});
17.     });
18.   app.controller('MainController',function($scope){
19.     $scope.texto = 'Home do aplicativo!';
20.   });
21.   app.controller('InfoController',function($scope){
22.     $scope.texto = 'Página de Info!';
23.   });
24.   app.controller('ContatosController',function($scope){
25.     $scope.texto = 'Página de Contatos!';
26. });
```

A configuração do objeto $routeProvider é igual ao do exercício anterior, menos o fato de que, além de definir o url do template, definimos também um controlador referente àquele template (linhas 6, 10 e 14). Em seguida há a definição dos controladores, que todos instanciam uma variável texto no escopo do app.

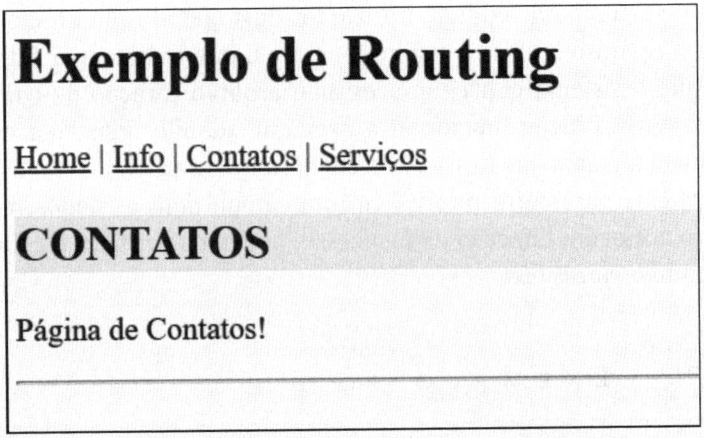

Figura 10.6 Página dos contatos, com texto personalizado, dependendo do controlador.

10.2 Acesso assíncrono

O Angular disponibiliza o serviço *$http* para efetuar um acesso assíncrono a páginas residentes no servidor.

10.2.1 Serviço $HTTP

Quando definimos uma função de controlador, além do *$scope*, podemos receber um objeto *$http*:

```
app.controller('MainController', function($scope, $http){
  $http
    .get("texto.txt")
    .then(function sucesso(resposta){
      $scope.variável = resposta.data;
    }, function erro(resposta){
      $scope.mensagem = resposta.statusText;
    });
});
```

Nessa porção de código, utilizamos dois métodos do objeto *$http*: *get*, que indica o arquivo a ser consultado, e *then*, que indica uma função a executar quando o sistema consegue acessar o arquivo (função de *callback* assíncrona) e outra função (opcional) a executar quando o sistema encontra algum problema. Ambas as funções recebem um parâmetro de resposta. Em caso de êxito, esse parâmetro retorna em um campo *data* os dados recebidos do arquivo acessado. Em caso de insucesso, podemos verificar o estado da resposta no campo *statusText*.

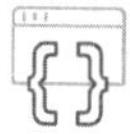

EXEMPLO 10.4

ACESSO A UM ARQUIVO DE TEXTO

No primeiro exemplo, vamos acessar um simples arquivo de texto que contém uma mensagem que pretendemos imprimir ao pressionar um botão.

index.html

```
<!DOCTYPE html>
<html lang="pt-BR" ng-app='myApp'>
```

```
3. <head>
4.   <meta charset="UTF-8">
5.   <title>Document</title>
6.   <script src='js/angular.min.js'></script>
7.   <script src="js/script.js"></script>
8.   <style>
9.     #mensagem{
10.      width: 200px; margin: 5px;
11.      border:1px dotted red;
12.      text-align: center;
13.    }
14.  </style>
15. </head>
15. <body ng-controller='MainController'>
16.   <h1>Acesso Assíncrono</h1>
17.   <div>
18.     <p id="mensagem">{{mensagem}}</p>
19.     <p>{{resposta}}</p>
20.   </div>
21.   <button ng-click="acesso()">Acessar ao Servidor</button>
22. </body>
23. </html>
```

No código HTML, há poucas novidades. Nas linhas 18 e 19, mostramos as duas variáveis, mensagem e resposta, e na linha 21 associamos a chamada a uma função *acesso* ao clique no botão.

script.js

```
var app = angular.module('myApp',[]);
app.controller('MainController', function($scope){
  $scope.acesso = function(){
    $http.get("texto.txt")
      .then(function sucesso(resposta) {
        $scope.mensagem = resposta.data;
        $scope.resposta = resposta.statusText;
      }, function erro(resposta) {
        $scope.mensagem = "";
       $scope.resposta = resposta.statusText;
      });
  };
});
```

No controlador, definimos a função *acesso* no *scope* (linha 3), a qual acessa o arquivo **texto.txt** (linha 4), retornando uma mensagem, além da resposta do servidor em caso de sucesso (linhas 6 e 7), como também em caso de erro (linhas 9 e 10).

texto.txt

Acesso efetuado!

O arquivo *texto.txt* é simplesmente um documento com uma mensagem sem formatação.

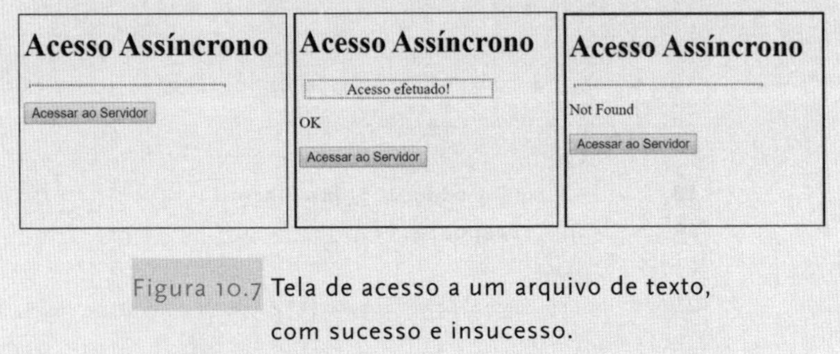

Figura 10.7 Tela de acesso a um arquivo de texto, com sucesso e insucesso.

10.2.2 Acesso a dados estruturados

O serviço *$http* pode ser utilizado para carregar conjuntos de dados. O meio mais simples de fazer isso é utilizar a notação JSON (*JavaScript Object Notation* – Notação em forma de Objeto JavaScript), já estudada no Capítulo 4. O **JSON** é um formato de troca de informações entre sistemas que memoriza os dados em forma de objeto JavaScript.

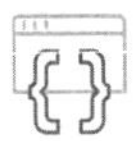

Exemplo 10.5

Acesso a um arquivo JSON

Para este exemplo, utilizamos o arquivo de quadros utilizado no Capítulo 9. Para transformá-lo em arquivo JSON, devemos considerar algumas modificações.

quadros.json

```
1. {
2.   "quadros": [
3.     {
4.       "titulo": "Snow Night",
5.       "descricao": "Um trem solitário viajando..."
6.     },
7.     {
8.       "titulo": "Defocused Woman",
9.       "descricao": "A mulher que olha no espelho..."
10.    },
11.    {
12.      "titulo": "Zombie Heads",
13.      "descricao": "Não confie na aparência..."
14.    },
15.    {
16.      "titulo": "Grunge City",
17.      "descricao": "A cidade, como em uma revista..."
18.    }
19.  ]
20. }
```

Um arquivo JSON representa um objeto JavaScript complexo, por isso o arquivo inicia e termina com uma chave. Outra característica é que os nomes dos campos são considerados etiquetas e, por isso, devem estar entre aspas. Nesse caso, define-se um elemento *quadros* (linha 2), que é um *array* de objetos definido nas linhas 3-18.

index.html

```
<body ng-controller='MainController'>
  <h1>Acesso a dados estruturados</h1>
  <ul ng-show="quadros">
    <li ng-repeat="quadro in quadros">
      <b>Título:</b> {{quadro.titulo}} <br>
      {{quadro.descricao}}
    </li>
  </ul>
  <p>{{resposta}}</p>
<body>
```

Na linha 3 do HTML, fazemos um teste para esconder a estrutura *ul-li* caso o *array quadros* não seja instanciado. Na linha 4, empregamos uma diretiva *ng-repeat* para iterar no *array* de quadros. Enfim, nas linhas 5 e 6, mostramos os campos do *array*.

script.js

```
1. var app = angular.module('myApp',[]);
2. app.controller('MainController', function($scope, $http){
3.   $http
4.     .get("dados/quadros.json")
5.     .then(function(resposta) {
6.       $scope.quadros = resposta.data.quadros;
7.       $scope.resposta = 'Dados carregados';
8.     }, function(resposta) {
9.       $scope.quadros = null;
10.      $scope.resposta = 'Dados NÃO carregados';
11.    });
12. });
```

Dessa vez, o método *get* do serviço *$http* aponta para o arquivo JSON, visto anteriormente (linha 4). Caso o acesso seja bem-sucedido, o parâmetro *resposta* chega junto com o *array* de quadros embutido, o qual atribuímos a um elemento do *$scope* (linha 6). Em caso de insucesso, passamos um *null* ao objeto *quadros* do escopo e enviamos uma mensagem de resposta indicando o não carregamento dos dados (linhas 9 e 10).

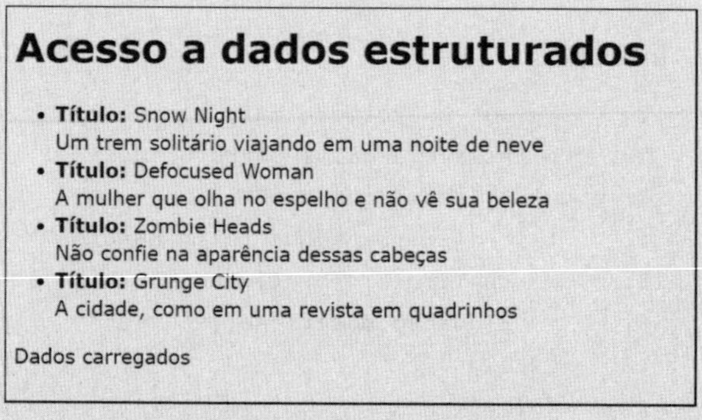

Acesso a dados estruturados

- **Título:** Snow Night
  Um trem solitário viajando em uma noite de neve
- **Título:** Defocused Woman
  A mulher que olha no espelho e não vê sua beleza
- **Título:** Zombie Heads
  Não confie na aparência dessas cabeças
- **Título:** Grunge City
  A cidade, como em uma revista em quadrinhos

Dados carregados

Figura 10.8 Resultado do acesso ao arquivo de dados JSON.

RELEMBRANDO...

Neste capítulo, abordamos os seguintes temas: o conceito de app de página única; a função do *routing* em AngularJS; o uso do *routing* junto com os controladores; o acesso assíncrono a arquivos no servidor; o acesso a arquivos de dados estruturados.

VAMOS PRATICAR?

10.1 A funcionalidade de *routing* está implementada na biblioteca básica do Angular. Essa afirmativa é verdadeira ou falsa? Justifique sua resposta.

10.2 O que significa *routing* das páginas?

10.3 Que relação há entre *routing* e app SPA?

10.4 Considere os seguinte trechos de código:

```
<a href="#!contatos">
```

O que indica o link especificado no href?

10.5 Qual é a função do método *otherwise*?

10.6 Com qual serviço do Angular podemos utilizar o acesso assíncrono?

10.7 Quais são os parâmetros do método *$http.then*?

PESQUISA COMPLEMENTAR

- Pesquise sobre o serviço `$location`. Qual é a sua função? Como se deve implementá-lo?
- Pesquise sobre como implementar um serviço personalizado.

CAPÍTULO 11

Angular

O Angular é um *framework* JavaScript, que permite a criação de aplicativos de página única (SPA – *Single Page Application*) reativas. Um SPA parece ter páginas diferentes, mas, na realidade, é uma única página HTML com código JavaScript que substitui os conteúdos da página dinamicamente. Isso permite uma execução muito rápida do app, evitando o carregamento contínuo das páginas do servidor sempre que um usuário muda de página e promove a sensação e o aspecto de um verdadeiro aplicativo *mobile*.

11.1 Instalação e primeiros passos

O Angular baseia-se no NodeJs (vide Capítulo 1). Para instalação e funcionamento, devemos instalar o NodeJs, baixando o arquivo do site oficial. Aqui, escolhemos a versão recomendada atualmente, 10.16.0 LTS.

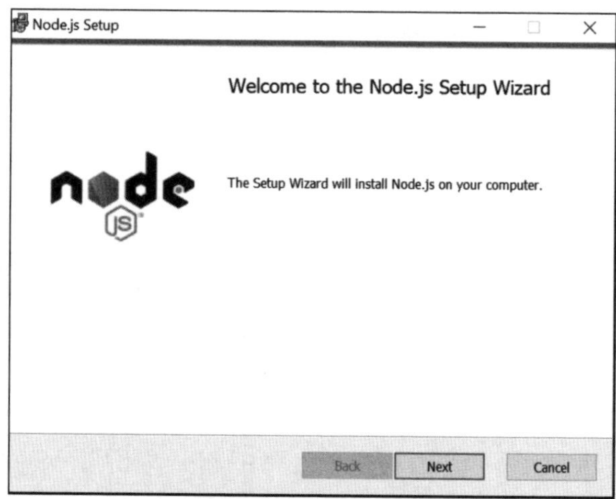

Figura 11.1 Instalação de Node.js.

Depois de baixá-lo e instalá-lo (Figura 11.1), utilizaremos o Node Package Manager (NPM), incluído no node.js, para instalar o Angular Command Line Interface (Angular CLI), ou seja, a interface de linha de comando do Angular. Devemos abrir uma janela de terminal (no Windows, basta pressionar o botão Windows + R e digitar "cmd") e digitar o seguinte comando (Figura 11.2):

```
npm install -g @angular/cli
```

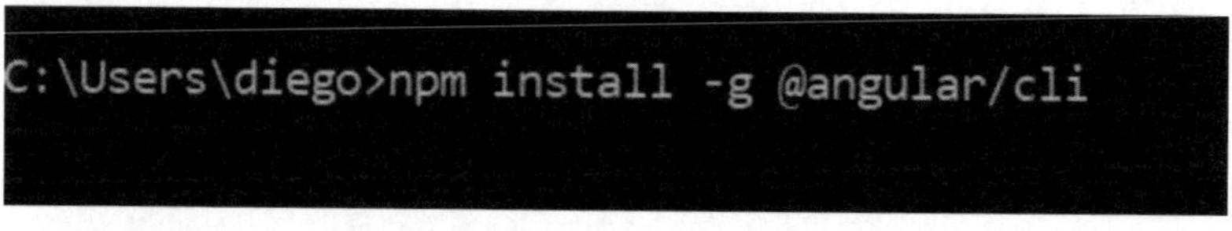

Figura 11.2 Console de sistema com o comando para instalar o Angular.

Depois de alguns minutos, o Angular será instalado. Durante a instalação, é perguntado se o usuário deseja compartilhar os dados de uso do Angular anonimamente com o Google. Responda sim (y) ou não (n), a depender de suas intenções. A resposta não altera o uso da plataforma.

Devemos, agora, criar um ambiente de trabalho (*workspace*), no qual salvaremos todos os nossos projetos. Escolha um local no disco (por exemplo, a pasta principal do usuário ou a pasta documentos) e crie uma pasta de nome arbitrário para salvar os projetos, por exemplo, **Angular Workspace**.

Agora, vamos criar um primeiro projeto para ver como o Angular funciona[1].

Para executar um comando Angular do CLI, utilizamos a instrução *ng*, seguida por parâmetros, a depender do que pretendemos fazer. Para criar um projeto, devemos nos mover na pasta do *workspace* (utilizando o comando DOS cd) e utilizar a instrução:

```
ng new nomeApp
```

Utilizamos dois parâmetros: **new**, que indica que pretendemos criar um projeto, e o nome que desejamos dar ao nosso app.

Assim, criamos um app chamado **my-app**:

```
ng new my-app
```

O Angular pergunta se desejamos utilizar o *routing* e que tipo de folha de estilo queremos utilizar entre CSS, SCSS, SASS, LESS e Stylus. Podemos clicar em **enter** para aceitar as opções *default* (aquelas apresentadas em maiúsculo ou selecionadas, ou seja, sem *routing* e CSS) e iniciar a geração dos componentes que formam nosso app (Figura 11.3).

1. Para utilizar o CLI e gerenciar os projetos, é necessário um mínimo de conhecimento sobre as instruções de linha de comando DOS. Para conhecer os comandos básicos, acesse <https://www.infowester.com/tutdos.php>.

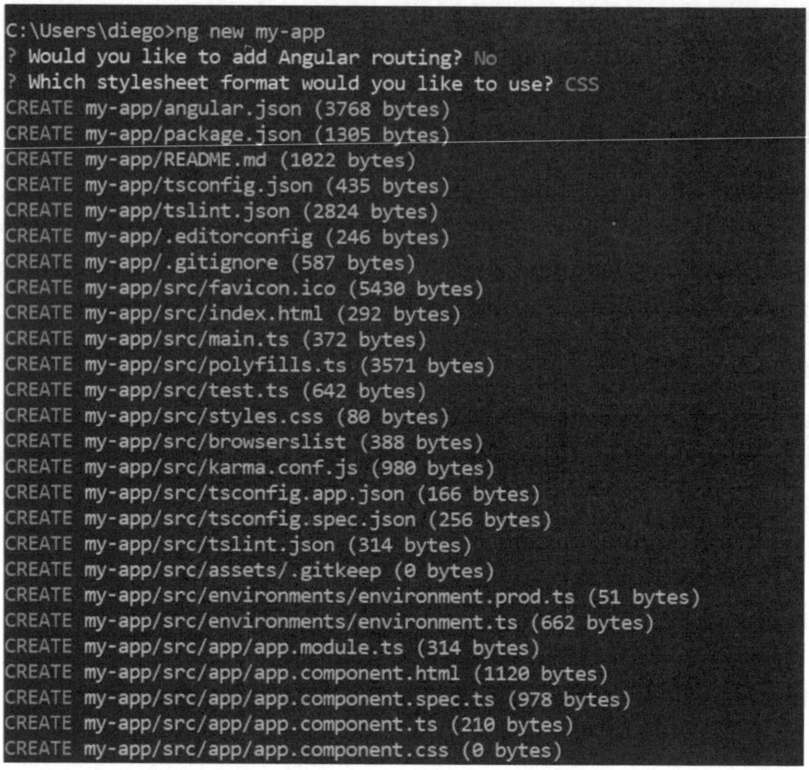

```
C:\Users\diego>ng new my-app
? Would you like to add Angular routing? No
? Which stylesheet format would you like to use? CSS
CREATE my-app/angular.json (3768 bytes)
CREATE my-app/package.json (1305 bytes)
CREATE my-app/README.md (1022 bytes)
CREATE my-app/tsconfig.json (435 bytes)
CREATE my-app/tslint.json (2824 bytes)
CREATE my-app/.editorconfig (246 bytes)
CREATE my-app/.gitignore (587 bytes)
CREATE my-app/src/favicon.ico (5430 bytes)
CREATE my-app/src/index.html (292 bytes)
CREATE my-app/src/main.ts (372 bytes)
CREATE my-app/src/polyfills.ts (3571 bytes)
CREATE my-app/src/test.ts (642 bytes)
CREATE my-app/src/styles.css (80 bytes)
CREATE my-app/src/browserslist (388 bytes)
CREATE my-app/src/karma.conf.js (980 bytes)
CREATE my-app/src/tsconfig.app.json (166 bytes)
CREATE my-app/src/tsconfig.spec.json (256 bytes)
CREATE my-app/src/tslint.json (314 bytes)
CREATE my-app/src/assets/.gitkeep (0 bytes)
CREATE my-app/src/environments/environment.prod.ts (51 bytes)
CREATE my-app/src/environments/environment.ts (662 bytes)
CREATE my-app/src/app/app.module.ts (314 bytes)
CREATE my-app/src/app/app.component.html (1120 bytes)
CREATE my-app/src/app/app.component.spec.ts (978 bytes)
CREATE my-app/src/app/app.component.ts (210 bytes)
CREATE my-app/src/app/app.component.css (0 bytes)
```

Figura 11.3 Angular gerando os componentes do app.

O Angular gera, assim, a pasta do projeto, com quase 30.000 arquivos; a maioria de definição da plataforma ou de *utility*, nos quais não precisamos mexer.

O Angular inclui um servidor para testar o app localmente. Precisamos acessar a pasta do projeto (**cd my-app**) e executar o seguinte comando:

```
ng serve --open
```

O comando *ng serve* inicializa um servidor no *localhost* na porta 4200 (http://localhost:4200) (Figura 11.4) e o parâmetro *--open* faz que o Angular abra automaticamente uma aba do navegador-padrão, mostrando o app (Figura 11.5).

```
C:\Users\diego\Angular Workspace\my-app>ng serve -o
** Angular Live Development Server is listening on localhost:4200, open your browser on http://localhost:4200/ **

Date: 2019-01-28T17:52:59.447Z
Hash: d402ffd5e806912c6c20
Time: 10602ms
chunk {main} main.js, main.js.map (main) 9.79 kB [initial] [rendered]
chunk {polyfills} polyfills.js, polyfills.js.map (polyfills) 236 kB [initial] [rendered]
chunk {runtime} runtime.js, runtime.js.map (runtime) 6.08 kB [entry] [rendered]
chunk {styles} styles.js, styles.js.map (styles) 16.3 kB [initial] [rendered]
chunk {vendor} vendor.js, vendor.js.map (vendor) 3.5 MB [initial] [rendered]
i ｢wdm｣: Compiled successfully.
```

Figura 11.4 Inicialização do servidor.

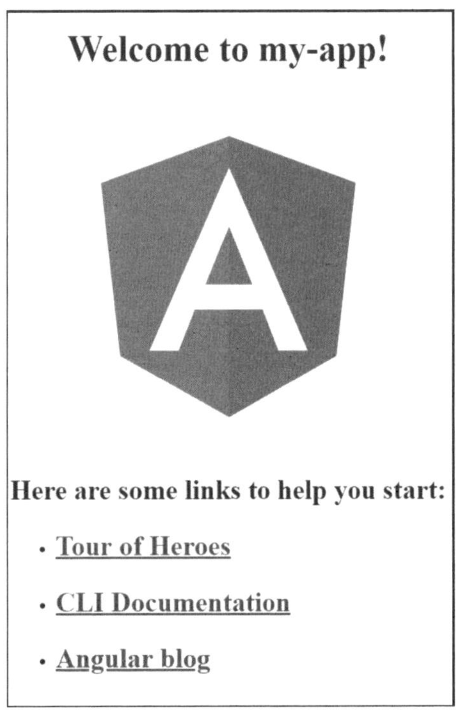

Figura 11.5 Componentes do projeto-padrão do Angular.

Parabéns, seu primeiro app foi criado! Agora, vamos analisar o projeto e mexer em alguns arquivos para entender o funcionamento do Angular.

11.2 Componentes

Os principais blocos de interface do usuário (*user interface* – UI) no Angular são chamados de componentes. Um componente é composto de um arquivo

CSS, um HTML e um arquivo Typescript[2]. Por enquanto, analisaremos somente alguns arquivos (Figura 11.6) úteis para desenvolver um primeiro exemplo. Uma pasta importante é a pasta "src", que contém o index.html, a página principal de nosso app, a subpasta "assets", na qual podemos colocar nossos recursos gráficos e de áudio, e a subpasta "app", que contém quatro arquivos de interesse:

- **app.module.ts:** módulo indicador das informações básicas do app;
- **app.component.css:** em que se encontra o CSS do componente;
- **app.component.html:** contém o HTML do componente;
- **app.component.ts:** contém o controlador em código TypeScript.

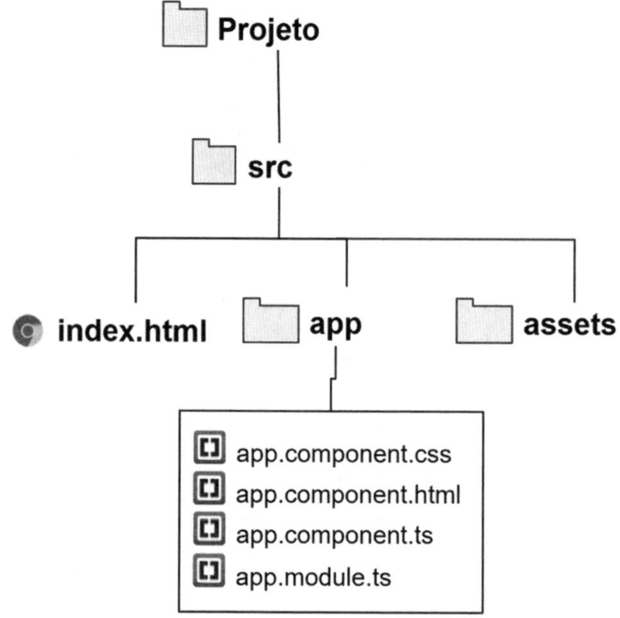

Figura 11.6 Extrato da estrutura de pastas e arquivos do projeto.

2. O TypeScript é uma versão a objetos de JavaScript que pode implementar tipificação explícita das variáveis.

O primeiro elemento que vamos analisar é o arquivo **index.html**, na pasta "src". Trata-se da página principal de nosso app, em que o Angular injetará o código dos outros módulos:

INDEX.HTML

```
 1. <!doctype html>
 2. <html lang="en">
 3. <head>
 4.   <meta charset="utf-8">
 5.   <title>MyApp</title>
 6.   <base href="/">
 7.   <meta name="viewport"
        content="width=device-width, initial-scale=1">
 9.   <link rel="icon" type="image/x-icon"
        href="favicon.ico">
10. </head>
11. <body>
12.   <app-root></app-root>
13. </body>
14. </html>
```

O arquivo é um HTML padrão, incluindo o componente **app-root** (linha 12). Os componentes, elementos fundamentais do Angular, servem para mostrar dados na tela, esperar o *input* do usuário e executar ações dependendo da interação com as páginas.

O arquivo **app.module.ts**, que se encontra na pasta "app", é o módulo-raiz, indica a configuração do app e ajuda a plataforma a saber como construir e carregar nosso app.

APP.MODULE.TS

```
import { BrowserModule } from
   '@angular/platform-browser';
import { NgModule } from '@angular/core';

import { AppComponent } from './app.component';

@NgModule({
  declarations: [
```

```
8.     AppComponent
9.   ],
10.  imports: [
11.    BrowserModule
12.  ],
13.  providers: [],
14.  bootstrap: [AppComponent]
15. })
16. export class AppModule { }
```

Nas primeiras linhas (1-4), a instrução *import* carrega os elementos necessários para o app executar, ou seja o **BrowserModule**, que fornece serviços essenciais para iniciar e executar um aplicativo de navegador; e o **NgModule**, que ajuda a organizar o app em módulos, ambos da biblioteca do Angular, e o **AppComponent**, que é o componente principal de nosso app.

Na linha 6, definem-se as partes dos módulos Angular, divididas em **declarations**, **imports** e **bootstrap**.

No final (linha 16), a classe **AppModule** é exportada para que seja vista pelos outros módulos.

O componente *app-root*, referenciado no HTML, está presente no arquivo **app.component.ts**, na pasta "app", e é assim declarado:

APP.COMPONENT.TS

```
1. import { Component } from '@angular/core';
2.
3. @Component({
4.   selector: 'app-root',
5.   templateUrl: './app.component.html',
6.   styleUrls: ['./app.component.css']
7. })
8. export class AppComponent {
9.   title = 'my-app';
10. }
```

Na linha 1, é importada a classe **Component** e, na linha 3, é declarado o componente **app-root**. Cada componente tem os seguintes elementos: um *selector*, que indica o nome do componente, um percurso ao template HTML (o arquivo **app.component.html**) e um ou mais percursos a templates de CSS (nesse caso, **app.component.css**).

Na linha 9, é declarada uma variável do *scope* do app de nome *title*. Se abrirmos o **app.component.html**, veremos que é utilizado como título no elemento h1:

APP.COMPONENT.HTML (PRIMEIRAS LINHAS)

```
<!--The content below is only a placeholder and can be
  replaced.-->
<div style="text-align:center">
  <h1>
    Welcome to {{ title }}!
  </h1>
  ...
```

O arquivo *app.component.css*, por enquanto, está vazio.

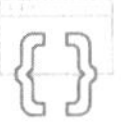

EXEMPLO 11.1

PRIMEIRO APP

Para entender como o Angular funciona, vamos mexer com o código-padrão, modificando o título e adicionando um pouco de CSS.

Modificamos o controlador, criando duas variáveis e assinando um conteúdo.

app.component.ts

```
 8. export class AppComponent {
 9.   titulo = 'meu primeiro aplicativo';
10.   comentario = 'Experimentando com Angular';
11. }
```

ATENÇÃO!

Modificamos somente as linhas 9 e 11 do código, e o restante do arquivo *app.component.ts* fica igual. Apagamos o código de *app.component.html* e inserimos o seguinte texto:

APP.COMPONENT.HTML

```
1. <h1>
2.   Bem-vindo ao {{ titulo }}!
3. </h1>
4. <p>{{ comentario }}</p>
```

Na linha 1, inserimos um título de primeiro nível, incluindo a variável *titulo* com o método usual, entre duas chaves. Na linha 4, inserimos um parágrafo com a variável *comentario*.

Colocamos, agora, algumas linhas de CSS no arquivo correspondente:

APP.COMPONENT.CSS

```
h1{
  color:cadetblue;
  font-family: verdana, arial, sans-serif;
}
p{
  padding: 10px;
  font-weight: bold;
}
```

Na Figura 11.7, podemos ver como aparece a página renderizada.

Bem-vindo ao meu primeiro aplicativo!

Experimentando com Angular

Figura 11.7 Primeiras modificações no projeto.

11.3 Galeria de quadros

Seguindo os passos vistos na seção anterior, vamos criar um app de nome *galeria*, para apresentar os quadros que utilizamos no Capítulo 9.

Voltamos à pasta "AngularWorkspace" para criar um projeto e executá-lo no servidor:

```
ng new galeria
cd galeria
ng serve --open[3]
```

Modificamos os seguintes arquivos:

APP.COMPONENT.TS

```
export class AppComponent {
  titulo = 'Galeria de quadros';
}
```

No arquivo TypeScript, criamos uma variável de nome *titulo* com o nome do app.

APP.COMPONENT.HTML

```
<h1>
  {{ titulo }}
</h1>
```

Eliminamos o conteúdo do arquivo HTML e criamos um elemento *h1*, mostrando a variável *titulo*.

APP.COMPONENT.CSS

```
*{
  font-family: verdana, arial, sans-serif;
}
h1{
  color:cadetblue;
}
```

No CSS, criamos um padrão de formatação (básica).

Agora, vamos criar uma componente para implementar uma lista de quadros.

---

3. Observe que o comando *ng serve --open* lança o servidor na janela atual, impedindo a execução de outros comandos. Para executar o comando em outra janela, no Windows, podemos utilizar o comando start *ng serve --open*.

11.3.1 Criando um componente

Pretendemos, agora, criar um componente que será responsável por nossa *view* de lista de quadros. Para a criação desse novo componente, utilizamos a seguinte instrução:

```
ng generate component novaComponente
```

Criamos, então, um novo componente para a os quadros (Figura 11.8):

```
ng generate component quadros
```

```
C:\Users\diego\Angular Workspace\galeria>ng generate component quadros
CREATE src/app/quadros/quadros.component.html (26 bytes)
CREATE src/app/quadros/quadros.component.spec.ts (635 bytes)
CREATE src/app/quadros/quadros.component.ts (273 bytes)
CREATE src/app/quadros/quadros.component.css (0 bytes)
UPDATE src/app/app.module.ts (401 bytes)

C:\Users\diego\Angular Workspace\galeria>
```

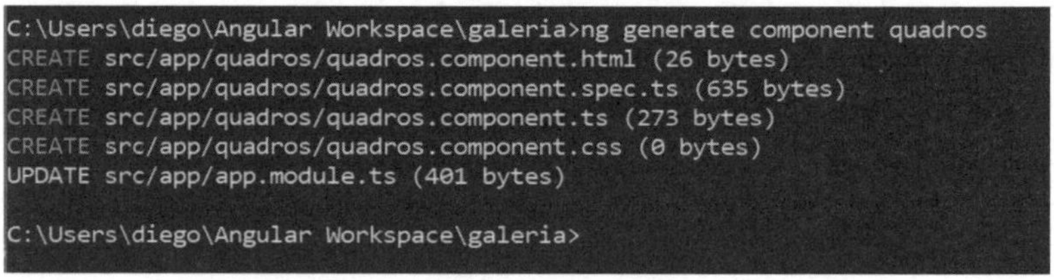

Figura 11.8 Primeiras modificações no projeto.

Como mostrado na Figura 11.8, a instrução cria uma pasta *quadros* com quatro arquivos e faz um update do arquivo **app.module.ts**. Vamos analisar esses arquivos.

A criação de um novo componente fez, automaticamente, modificações no arquivo **app.module.ts**. Por isso, não precisamos nos preocupar em atualizar esse arquivo, mas vamos ver o que foi modificado:

APP.MODULE.TS

```
import { BrowserModule } from
    '@angular/platform-browser';
import { NgModule } from '@angular/core';

import { AppComponent } from './app.component';
import { QuadrosComponent } from
    './quadros/quadros.component';
```

```
6.
7. @NgModule({
8.   declarations: [
9.     AppComponent,
10.    QuadrosComponent
11.  ],
12. ...
```

Foi importado o novo componente, chamado *QuadrosComponent*, na linha 5, especificando o percurso até o qual se encontram os arquivos, e a declaração deste na linha 10. Como já vimos, o arquivo app.module.ts age como um arquivo de *manifest* e indica todos os componentes que fazem parte de nosso app.

QUADROS.COMPONENTES.HTML

```
<p>
  quadros works!
</p>
```

O arquivo HTML contém, simplesmente, um parágrafo-padrão com uma mensagem.

QUADROS.COMPONENT.TS

```
1. import { Component, OnInit } from '@angular/core';
2.
3. @Component({
4.   selector: 'app-quadros',
5.   templateUrl: './quadros.component.html',
6.   styleUrls: ['./quadros.component.css']
7. })
8. export class QuadrosComponent implements OnInit {
9.
10.   constructor() { }
11.
12.   ngOnInit() {
13.   }
14. }
```

O arquivo de *script* declara os elementos do componente, ou seja, o nome do seletor e os arquivos de template e de estilo (linhas 4-6). Em seguida, exporta a classe *QuadrosComponent*, implementando um construtor (que pode conter elementos de inicialização) e um evento de inicialização.

O seletor do novo componente é *app-quadros*. Para que seja visualizado, voltamos ao código do arquivo *app.component.html* e o inserimos na linha 4.

APP.COMPONENT.HTML

```
1. <h1>
2.   {{ titulo }}
3. </h1>
4. <app-quadros></app-quadros>
```

Salvando o arquivo, a página do app se atualiza, mostrando o novo componente (Figura 11.9).

Figura 11.9 Tela do app com o novo componente.

Atualmente, o arquivo *quadros.component.css* está vazio.

11.3.2 Listando os quadros

Utilizamos nosso novo componente para mostrar uma lista de quadros. Vamos inserir, na linha 9 do arquivo quadros.component.ts, nosso *array* de quadros com título e as outras características (conforme criado no Capítulo 9).

QUADROS.COMPONENT.TS

```
1. import { Component, OnInit } from '@angular/core';
2.
3. @Component({
4.   selector: 'app-quadros',
5.   templateUrl: './quadros.component.html',
6.   styleUrls: ['./quadros.component.css']
```

```
})
export class QuadrosComponent implements OnInit {
  quadros = [
  {titulo:'Snow Night', imagem:'snowNight.jpg',
   valor:2500, disponivel:true, tamanho:'60x40',
   descricao:"..."},
  {titulo:'Defocused Woman', imagem:'defocusedWoman.jpg',
   valor:3000, disponivel:false, tamanho:'60x40',
   descricao:"..."},
  {titulo:'Zombie Heads', imagem:'zombieHeads.jpg',
   valor:1800, disponivel:true, tamanho:'60x45',
    descricao:"..."},
  {titulo:'Grunge City', imagem:'grungeCity.jpg',
    valor:2400, disponivel:true, tamanho:'70x60',
    descricao:"..."}
    ];

  constructor() { }

  ngOnInit() {
  }

}
```

Em *quadros.component.html*, vamos criar um iterador para mostrar todos os quadros. Para iterar os quadros do *array* no AngularJS, utilizávamos a diretiva *ng-repeat*, ao passo que o Angular utiliza a nova diretiva:

```
*ngFor="let elemento of arrayElementos"
```

No argumento do *ngFor*, especificamos o código Typescript para assinar um elemento (*let* é utilizado para assinar um valor).

QUADROS.COMPONENT.HTML

```
<ul class="lista" >
  <li *ngFor="let quadro of quadros; let i=index">
    <span>{{i+1}}</span> {{quadro.titulo}}
  </li>
</ul>
```

Similarmente ao que fizemos em AngularJS, na linha 2, iteramos todos os quadros e instanciamos a variável *i* como contador de elemento. Na linha 3, escrevemos o número de elemento e o título do quadro.

QUADROS.COMPONENT.CSS

```
1. .lista{
2.   margin: 0;
3.   padding: 0;
4.   list-style-type: none;
5.   width: 200px;
6.   float: left;
7. }
8. .lista li{
9.   border:1px solid gray;
10.   border-radius: 20px;
11.   overflow: hidden;
12.   cursor: pointer;
13. }
14. .lista li:hover{
15.   background-color: lightgray;
16. }
17. .lista span{
18.   padding: 5px 10px;
19.   display: inline-block;
20.   background-color: cadetblue;
21. }
```

O CSS do componente é bastante básico; nele, formatamos a classe *lista* (que é a classe do elemento *ul*) zerando *margin* e *padding*, tirando os pontos da lista e definindo um tamanho (linhas 1-7). Cada elemento da lista tem uma borda redonda, e transformamos o ponteiro do mouse quando passamos sobre os elementos (linhas 8-13). Ao passar sobre os elementos, o fundo fica cinza (linhas 14-16) e a parte da lista na qual fica o número tem uma formatação diferente, com um fundo azul (linhas 17-21). O resultado pode ser visto na Figura 11.10.

Galeria de quadros

1 Snow Night
2 Defocused Woman
3 Zombie Heads
4 Grunge City

Figura 11.10 Lista dos quadros.

11.3.3 Os detalhes são importantes

O padrão de design mestre/detalhes (*master/details*) tem um painel mestre (uma lista, geralmente) e um painel de detalhes para o conteúdo. Quando um elemento da lista é selecionado, o painel detalhes mostra o conteúdo daquele elemento (Figuras 11.11 e 11.12). Dependendo da dimensão da tela, podemos ter os dois elementos simultaneamente presentes (por exemplo, em um tablet, como na Figura 11.11) ou o painel "detalhes" pode aparecer quando o usuário efetua uma escolha no painel "mestre", carregando outra tela (por exemplo, em um dispositivo celular, como na Figura 11.12). Nesse último caso, a tela "detalhe" deve conter um elemento de interação para voltar à tela "mestre".

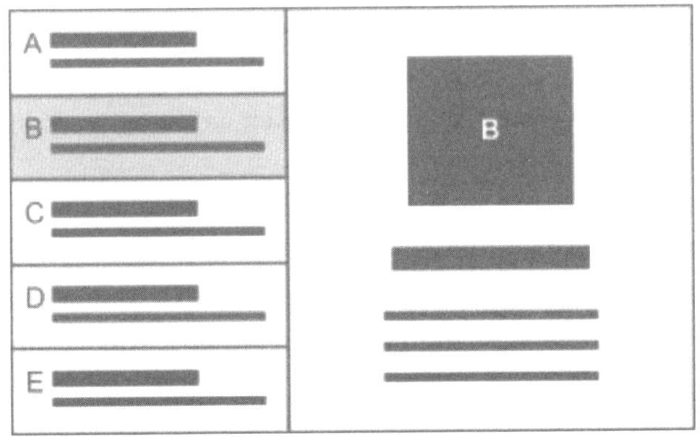

Figura 11.11 Padrão mestre/detalhes em tela grande.

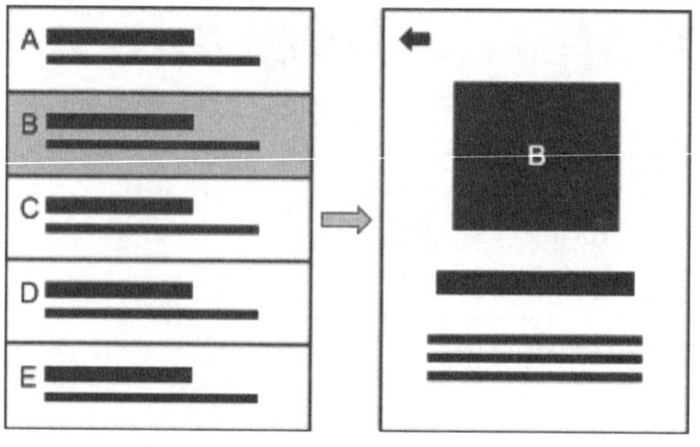

Figura 11.12 Padrão mestre/detalhes em tela pequena.

Dado que a composição dessas *views* pode variar, aconselha-se criar dois componentes distintos e decidir sucessivamente em qual formato apresentá-los.

Implementamos esse padrão criando um evento *click* na lista de quadros, que memorizará o elemento clicado em uma variável do *scope* e, consequentemente, abrirá um *div* de detalhes.

No HTML do componente *quadros*, substituímos a linha 2, especificando, no evento *click*, a execução de uma função (que colocaremos no controlador, no arquivo *ts*).

QUADROS.COMPONENT.HTML

```
 2.   <li *ngFor="let quadro of quadros; let i=index">
Substituir com:
 2.   <li *ngFor="let quadro of quadros; let i=index"
          (click)="selecao(quadro)">
```

O Angular utiliza os parênteses "()" ao redor da palavra "*click*" para indicar que o elemento *li* deve receber o evento *click* nele e, quando isso acontecer, chamar a função *selecao*, passando a variável quadro (que indica o quadro no qual o clique foi efetuado).

Agora, vamos criar a função de seleção no arquivo *quadros.component.ts*.

QUADROS.COMPONENT.TS

```
1. import { Component, OnInit } from '@angular/core';
2.
3. @Component({
4.   selector: 'app-quadros',
5.   templateUrl: './quadros.component.html',
6.   styleUrls: ['./quadros.component.css']
7. })
8. export class QuadrosComponent implements OnInit {
9.   quadros = [ ... ];
10.
11.   quadroSel = null;
12.   selecao(quadro): void{
13.     this.quadroSel = quadro;
14.   }
15.
16.   constructor() { }
17.
18.   ngOnInit() {
19.   }
20.
21. }
```

Depois do *array* de quadros da linha 9, inserimos uma variável (*quadroSel*), que indica o quadro selecionado, inicializando com o valor *null*. Na linha 12, definimos a função *selecao*, indicando que recebemos o quadro no qual foi clicado e que a função não retorna nada (void): essa é uma sintaxe típica do TypeScript; no JavaScript, não especificamos o tipo de retorno de uma função. Na função (linha 13), salvamos o valor do parâmetro na variável *quadroSel*, que será utilizada como modelo no componente detalhe, para mostrar o quadro selecionado.

Vamos, agora, criar o componente detalhe, que chamaremos de *quadro*:

```
ng generate component quadro
```

Com essa instrução, geramos um novo componente (<app-quadro>), com seus respectivos arquivos HTML, CSS e TS. Antes de iniciar a modificação desses arquivos, inserimos o novo componente no arquivo *quadros.component.html*:

QUADROS.COMPONENT.HTML

```
<ul class="lista" >
  <li *ngFor="let quadro of quadros; let i=index"
     (click)="selecao(quadro)">
    <span>{{i+1}}</span> {{quadro.titulo}}
  </li>
</ul>
<app-quadro [quadroSel]="quadroSel"></app-quadro>
```

O componente *app-quadro* é instanciado, recebendo uma propriedade *quadroSel* com o valor do quadro selecionado (utilizando o método *selecao*). Os colchetes indicam um *binding* de propriedade, ou seja, quando a variável for modificada no *scope*, a propriedade assume automaticamente o novo valor. Precisamos definir explicitamente que o componente possa receber um parâmetro e, por isso, precisamos modificar o arquivo *typescript* correspondente:

QUADRO.COMPONENT.TS

```
1. import { Component, OnInit, Input } from
     '@angular/core';
2.
3. @Component({
4.   selector: 'app-quadro',
5.   templateUrl: './quadro.component.html',
6.   styleUrls: ['./quadro.component.css']
7. })
8. export class QuadroComponent implements OnInit {
9.   @Input() quadroSel: object;
10.   constructor() { }
11.
12.   ngOnInit() {
13.   }
14. }
```

Além dos elementos *Component* e *OnInit*, também é importado o elemento *Input*, que será utilizado para definir parâmetros de entrada (linha 1). Na linha 9, de fato, declaramos um parâmetro de *input*, *quadroSel*, e definimos seu tipo.

Feita essa conexão entre os dois componentes, podemos definir a vista do elemento de detalhe:

QUADRO.COMPONENT.HTML

```
1. <div class="quadro" *ngIf="quadroSel">
2.    <h2>
3.      {{quadroSel.titulo|uppercase}}
4.    </h2>
5.    <img src="assets/quadros/{{quadroSel.imagem}}">
6.    <p>{{quadroSel.descricao}}</p>
7.
8.
9.    <p class="omponente" [ngClass] =
10.       "{naodisponivel:!quadroSel.disponivel}">
11.       <span *ngIf="!quadroSel.disponivel">NÃO
12.       </span>DISPONÍVEL</p>
13. </div>
```

No arquivo *quadro.component.html*, vamos adicionar um *div* de detalhe de classe *quadro*. Utilizamos a diretiva:

```
*ngIf = "teste"
```

Essa diretiva é parecida com o *ng-show* do AngularJS, ou seja, cria o elemento se o teste for verdadeiro. Se o teste for falso, o elemento e os subelementos não são criados.

Dado que antes da interação com a página *quadroSel* vale *null* (linha 6), o **ngIf* evita que a página gere erros, tentando acessar as propriedades de *quadroSel* inexistentes, eliminando completamente o bloco *div* das linhas 6-18. Na linha 8, é criado um conteúdo de título h2 com o título do quadro selecionado, utilizando o filtro *uppercase*, que deixa o título em letras maiúsculas.

Na linha 10, criamos uma imagem cuja fonte é dada do percurso às imagens (nesse caso, criamos, na pasta "assets", uma subpasta "quadros" e copiamos as imagens dos quadros do Capítulo 9). Na linha 11, colocamos um parágrafo com a descrição do quadro e, nas linhas 14-17, criamos um parágrafo para indicar a disponibilidade/indisponibilidade do quadro. Na linha 14, utilizamos *ngClass* para adicionar uma classe fazendo um teste: se o atributo *disponivel* não for verdadeiro, além da classe *disponivel*, o quadro terá a classe *naodisponivel* (que muda a cor de fundo do parágrafo, dentro do qual aparecerá "DISPONÍVEL" ou "NÃO DISPONÍVEL" – o "NÃO" aparece também se o atributo *disponivel* for falso, na linha 16).

QUADRO.COMPONENT.CSS

```
1. .quadro{
2.   border:1px solid gray;
3.   border-radius: 20px;
4.   padding: 10px;
5.   margin: 5px;
6.   width: 350px;
7.   float: left;
8. }
9. .quadro h2{
10.   color: brown;
11.   text-align: center;
12. }
13. .quadro img{
14.   width: 100%;
15. }
16. .quadro p{
17.   margin: 10px auto;
18. }
19. .quadro p.disponivel{
20.   background-color: darkolivegreen;
21.   color: white;
22.   width: 200px;
23.   padding: 10px;
24.   text-align: center;
25. }
26. .quadro p.naodisponivel{
27.   background-color: darkred;
28. }
```

No CSS, adicionamos as linhas para personalizar a classe *quadro* (o *div* de detalhe), a qual define a caixa em que serão mostrados todos os atributos do quadro. É definida com uma borda, uma dimensão e um tamanho específico (linhas 22-29). São definidos também os elementos *h2*, com uma cor marrom, e o elemento *img*, com uma largura de 100% do *div* (linhas 30-36). A classe *disponivel* representa o estilo do parágrafo que indica a disponibilidade do quadro, o qual, por padrão, é verde com texto branco (linhas 40-46). Caso o quadro esteja indisponível, será aplicada a classe *naodisponivel*, com uma cor de fundo vermelha (linhas 47-49). O resultado pode ser visto na Figura 11.13.

Figura 11.13 Detalhe do quadro à esquerda e lista dos quadros à direita.

11.3.4 Modificar a descrição

Vejamos como é possível aplicar o *binding* bidirecional no Angular, permitindo a modificação da descrição do quadro.

No *quadro.component.html*, inserimos uma *textarea* (um elemento HTML para modificar um texto de tamanho não definido), utilizando, desta maneira, o parâmetro *ngModel*:

```
[(ngModel)] = 'atributo em binding';
```

QUADRO.COMPONENT.HTML

```
<div class="quadro" *ngIf="quadroSel">
  <h2>
    {{quadroSel.titulo|uppercase}}
  </h2>
  <img src="assets/quadros/{{quadroSel.imagem}}">
```

```
6.  <p>{{quadroSel.descricao}}</p>
7.  <textarea [(ngModel)]="quadroSel.descricao">
8.  </textarea> <br>
9.  <p class="disponivel" [ngClass] =
10.    "{naodisponivel:!quadroSel.disponivel}">
11.    <span *ngIf="!quadroSel.disponivel">NÃO
12.    </span>DISPONÍVEL</p>
13. </div>
```

A *textarea* foi inserida nas linhas 7 e 8 sem modificar outra parte do código. Em seguida, adicionamos uma formatação CSS para a *textarea*:

QUADRO.COMPONENT.CSS

```
...
.quadro textarea{
  width: 100%;
  height: 50px;
  resize: vertical;
}
```

Embora o ngModel seja uma diretiva Angular válida, ela não está disponível por padrão. No *app.module.ts*, é preciso indicar que o app utilizará o *FormsModule*:

APP.MODULE.TS

```
import { BrowserModule } from
  '@angular/platform-browser';
import { NgModule } from '@angular/core';

import { AppComponent } from './app.component';
import { FormsModule } from '@angular/forms';
import { QuadrosComponent } from
  './quadros/quadros.component';

@NgModule({
  declarations: [
    AppComponent,
    QuadrosComponent
  ],
```

```
13.   imports: [
14.     BrowserModule,
15.     FormsModule
16.   ],
17.   providers: [],
18.   bootstrap: [AppComponent]
19. })
20. export class AppModule { }
```

Na linha 5, importamos o *FormsModule* da livraria *@angular/forms* e, na linha 15, indicamos que pretendemos incluir esse módulo em nosso app. Na Figura 11.14, podemos ver o app completo da *textarea* para modificar a descrição.

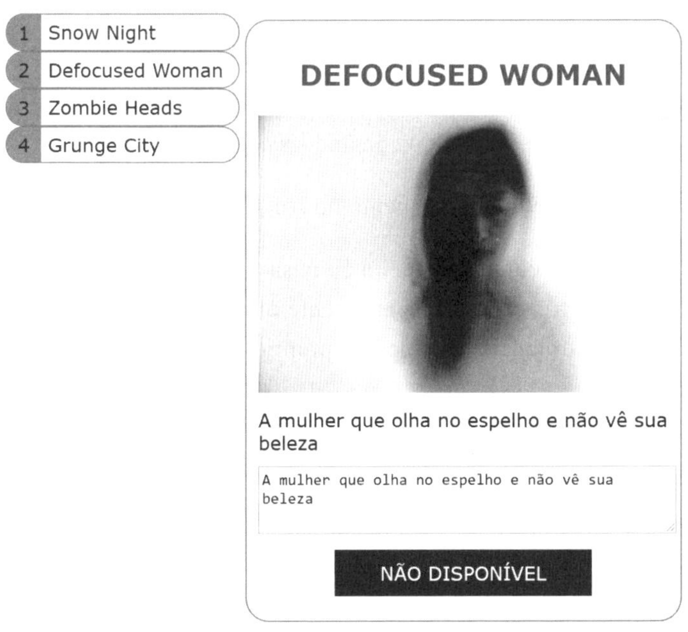

Figura 11.14 Detalhe do quadro à esquerda e lista dos quadros à direita.

RELEMBRANDO...

Neste capítulo, abordamos os seguintes temas:

- como instalar o Angular utilizando o Node Package Manager;
- criar um app Angular e um servidor web;
- como é estruturado um app Angular;
- o conceito de componentes;
- algumas diretivas do Angular e sua comparação com as diretivas do AngularJS;
- o conceito do padrão mestre/detalhe e um exemplo de implementação.

VAMOS PRATICAR?

11.1 Por que o Angular precisa da plataforma NodeJS para ser instalado?

11.2 Qual é a função do comando *ng serve*?

11.3 O que é um componente no Angular?

11.4 Avalie como verdadeira ou falsa a seguinte afirmação, justificando sua resposta: um componente é composto por uma *view* com um controlador e um modelo próprio de dados.

11.5 Qual é a função da variável *quadro* e da variável *i* na seguinte linha de código?

```
*ngFor="let quadro of quadros; let i = index"
```

11.6 Qual é a diferença entre a diretiva **ngIf* do Angular e *ng-if* do AngularJS?

11.7 O *binding* do Angular é automaticamente bidirecional?

11.8 O que é preciso fazer para implementar a diretiva *ngModel*?

Pesquisa complementar

- Descubra o que significa a sigla SCSS e explore as vantagens de usá-lo no lugar do CSS nos projetos.
- Pesquise sobre como implementar o *routing* no Angular.

Referências Bibliográficas

AGOSTINHO, D. **Criando uma aplicação com Angular 6**. 23 jul. 2018. Disponível em: <https://j.mp/3acnkDG>. Acesso em: 14 out. 2019.

ANGULAR. **Tour of heroes app and tutorial**. Disponível em: <https://j.mp/2Uz6w3g>. Acesso em: 14 out. 2019.

LOPES, S. **Aplicações mobile híbridas com Cordova e PhoneGap**. Rio de Janeiro: Casa do Código, 2016.

MAZZA, L. **HTML5 & CSS3**: domine a web do futuro. Rio de Janeiro: Casa do Código, 2014.

MOURA NETO, J. N. **Tutorial AngularJS – episódio 2**. Disponível em: <http://bit.do/tutAngJs>. Acesso em: 14 out. 2019.

PEREIRA, M. H. R. **AngularJS**: uma abordagem prática e objetiva. São Paulo: Novatec, 2014.

SCHÄFERHOFF, N. Bootstrap 4 Tutorial (2019). **WebsiteSetup**, 2 out. 2019. Disponível em: <https://websitesetup.org/bootstrap-tutorial-for-beginners/>. Acesso em: 14 out. 2019.

SOUZA, N. **Bootstrap 4**: conheça a biblioteca front-end mais utilizada no mundo. Rio de Janeiro: Casa do Código, 2018.

W3SCHOOL. **AngularJS – tutorial**. Disponível em: <https://www.w3schools.com/angular/>. Acesso em: 14 out. 2019.

______. **Bootstrap 4 – tutorial**. Disponível em: <https://www.w3schools.com/bootstrap4/>. Acesso em: 14 out. 2019.

ZABOT, D.; MATOS, E. **Jogos digitais**: programação multiplataforma com a biblioteca Phaser. São Paulo: Érica, 2018.

ZEMEL, T. **Web design responsivo**: páginas adaptáveis para todos os dispositivos. Rio de Janeiro: Casa do Código, 2015.

Sites

Angular. Disponível em: <https://angular.io>. Acesso em: 17 dez. 2019.

AngularJS. Disponível em: <https://angularjs.org>. Acesso em: 17 dez. 2019.

Bootstrap. Disponível em: <https://getbootstrap.com>. Acesso em: 17 dez. 2019.

Brackets. Disponível em: <http://brackets.io>. Acesso em: 17 dez. 2019.

Cordova. Disponível em: <https://cordova.apache.org>. Acesso em: 17 dez. 2019.

Font Awesome. Disponível em: <https://fontawesome.com>. Acesso em: 17 dez. 2019.

hammer.js. Disponível em: <https://hammerjs.github.io>. Acesso em: 17 dez. 2019.

jQuery. Disponível em: <https://jquery.com>. Acesso em: 17 dez. 2019.

JSBin. Disponível em: <https://jsbin.com>. Acesso em: 17 dez. 2019.

Lorem Picsum. Disponível em: <https://picsum.photos>. Acesso em: 17 dez. 2019.

Mozilla Developer Network. Disponível em: <https://developer.mozilla.org>. Acesso em: 17 dez. 2019.

Node.js. Disponível em: <https://nodejs.org>. Acesso em: 17 dez. 2019.

PhoneGap. Disponível em: <https://phonegap.com>. Acesso em: 17 dez. 2019.

PhoneGap Build. Disponível em: <https://build.phonegap.com>. Acesso em: 17 dez. 2019.

repl.it. Disponível em: <https://repl.it>. Acesso em: 17 dez. 2019.